Johanna Henkel-Waidhofer | Peter Henkel

Der Vertrauensmann

Johanna Henkel-Waidhofer | Peter Henkel

Der Vertrauensmann

Winfried Kretschmann – Das Porträt

HERDER

FREIBURG · BASEL · WIEN

Bildnachweis: dpa: S. 207; Staatsministerium Baden-Württemberg: 205 o., 208 o., 211, 214 o., 215 f., 218; Joachim E. Röttgers GRAFFITI: 205 u., 206, 208 u., 209, 210, 212 f., 214 u., 217, 219, 220 f.

MIX
Papier aus verantwortungsvollen Quellen
FSC® C083411

www.herder.de

Satz: Daniel Förster, Belgern
Herstellung: CPI books GmbH, Leck

Printed in Germany

ISBN 978-3-451-37789-1

Inhalt

– 1 –

Prolog

Winfried Kretschmann ist Kult. Zwar steuert seine Partei die Bundestagswahl 2017 mit einer Ausgangsbasis von mickrigen 8,4 Prozent an. Er selber aber, weltweit einziger echter grüner Regierungschef, liegt in der Gunst des Publikums auch bundesweit ganz weit vorn. Bei Landespolitikern kommt das etwa so oft vor wie ein Februarabend zum Draußensitzen. Wie das einer wie er schafft, darüber zerbrechen sich alle möglichen Leute den Kopf. Winfried Kretschmann ist nämlich sichtbar nicht mehr taufrisch, er ist nicht dauernd im Fernsehen und wenn, dann nicht eben als Macher oder als Entertainertyp. Stattdessen sagt der Graukopf mit dem Bürstenhaar immerzu Sachen, mit denen er aus der Reihe tanzt und irgendwo aneckt. Am liebsten bei der eigenen Partei. Kretschmann ist also nicht nur Kult, er ist auch ein harter Brocken, gesegnet mit jenen Ecken und Kanten, von denen Wahlforscher sagen, sie wären gut für einen seiner Profession. »Authentisch« heißt das Codewort, und wenn dann noch das Image des Anständigen und Erfolgreichen hinzukommt, dann hat man es wohl mit einem der Glücksfälle zu tun, die es so selten gibt in der Politik.

Eigentlich müsste sich Winfried Kretschmann deshalb noch immer mindestens einmal am Tag in den Arm kneifen und fragen, ob er das alles nicht doch nur träumt. 2010 hatte er schon drei Jahrzehnte Politik hinter sich und keinen Himmel gestürmt, sondern es gerade mal zum Vorsitzenden der grünen Fraktion im Stuttgarter Landtag gebracht, mit bestechend guten Aussichten, seine Karriere demnächst als allseits respektierter Daueroppositioneller zu beschließen. In Baden-Württemberg, wo die CDU von Leuten wie Hans Filbinger, Lothar Späth oder Erwin Teufel fast sechs Jahrzehnte ununterbrochener Herrschaft auf dem Buckel hatte und davon ausgehen durfte, dass das so bleiben würde bis zum Sanktnimmerleinstag, schien es keine Blumentöpfe mehr zu geben, die man gewinnen könnte.

Aber dann kamen zwei Ereignisse: einmal der Protest gegen einen unsinnigen unterirdischen Bahnhof, der so etwa anno 2024 zum Preis von etlichen Milliarden Euro einen funktionierenden oberirdischen ersetzen soll. Und es kam zwei Wochen vor der Landtagswahl 2011 die atomare Katastrophe im japanischen Fukushima. Und auf einmal saß Winfried Kretschmann auf dem Platz, der der CDU zu gehören schien.

Es folgten fünf Jahre Grün-Rot, und die Welt ging nicht unter zwischen Main und Bodensee. Seit der Landtagswahl im Frühjahr 2016 fragt die CDU sich stattdessen beklommen, was aus ihr wohl werden wird in dieser Koalition mit diesem Mann. Fünf Jahre ordentliches Mitregieren hatten seinen Koalitionspartner SPD halbiert in der Wählergunst, auf unter 13 Prozent. Wird sein nächstes Opfer die CDU, früher einmal die Baden-Württemberg-Partei, jetzt abgestürzt auf 27 Prozent (unter Filbinger gab es in den Siebziger Jahren das Doppelte)?

Hätte die CSU sich nicht quergestellt und Einspruch eingelegt gegen Angela Merkels Wunschkandidaten – Parole: Nichts gegen Kretschmann, aber ein grüner Sympathieträger als Bundespräsident kommt nicht in Frage –, dann hätte die CDU im Südwesten aufatmen können. Die Kanzlerin hätte Kretschmann in ein Dilemma gebracht, aber am Ende wäre er ihrem Ruf gefolgt. Immerhin können einem leidenschaftlichen Politiker weniger ehrenhafte Dinge zustoßen, als ins protokollarisch höchste Amt des Staates gebeten zu werden. Natürlich hätte er einen guten Präsidenten abgegeben. Der gewesene Oberstudienrat für Biologie, Chemie und Ethik versteht eine Menge von praktischer Politik. Und er kann Reden halten, die es in sich haben. Jedoch: Nach Berlin hat es ihn nie gezogen, und sowohl die Schwäbische Alb als auch die geliebte Werkstatt daheim in Laiz bei Sigmaringen wären weit, sehr weit weg gewesen.

Jetzt ist der Kelch an ihm vorübergegangen, und sein noch immer rat- und orientierungsloser Juniorpartner CDU hat an den Folgen zu schlucken. Zu allem Überfluss hat der Ministerpräsident durchblicken lassen, er werde, sofern die Gesundheit wie bisher mitmacht, 2021 womöglich noch einmal antreten.

Winfried Kretschmann lässt nicht gern in sich hineinschauen. Das Bild, das er beharrlich von sich entwirft, ist das des Naturschützers und -liebhabers, der die Grünen mitgründete, um seinen Beitrag zum Überleben des Planeten zu leisten. In diesem Bemühen hat er einen weiten Weg zurückgelegt. Kabarettisten, politische Gegner, diverse Parteifreunde und nicht nur die sind überzeugt, es mit einem Grünen zu tun zu haben, der genauso gut bei der CDU sein könnte: ein durch und durch bürgerlicher, seit Jahr und Tag immer wieder mit dem Mainstream seiner Partei und erst recht mit ihrem linken Flügel über Kreuz liegender Superrealo, bei dem sogar die Grenze zwischen Querdenker und Querulant nicht immer so ganz haarscharf zu ziehen sei. Fest steht, dass die Liste der Kretschmann'schen Extratouren überdurchschnittlich lang ist. In den frühen Achtzigern nahm er den CDU-Rechtsaußen Gerhard Mayer-Vorfelder gegen maßlose Kritik in Schutz – zu Recht. Und er plädierte so lange dafür, Müll zu verbrennen anstatt zu verbuddeln, bis er und seine chemisch weniger beschlagene Partei ganz knapp vor der Scheidung standen. Heute warnt er sie vor »Herummoralisieren« und diesem »Besserwissergestus«. Er will »mit aller Macht« gegen die Wiederbelebung der ausgesetzten Vermögensteuer ankämpfen. Und er teilt dem verbliebenen harten Kern der Stuttgart-21-Gegner zu deren – nachvollziehbarer – Verbitterung mit, in der Demokratie gebe es kein wahr oder falsch, sondern bloß Meinungen.

Vier Episoden im Leben des jungen Winfried Kretschmann haben ihn fürs Leben geprägt: Schlimme Jahre in einem lieblosen katholischen Internat. Die kommunistische Phase als Student. Danach die Begegnung mit dem Werk der jüdischen Philosophin Hannah Arendt, der er die Einsicht in den Wert von Vielfalt und Freiheit verdankt und die er in kaum einer Rede zu erwähnen vergisst. Und schließlich seine kurze, aber lehrreiche Zeit als Grundsatzreferent in Joschka Fischers Umweltministerium in Hessen; dort prallte der in langen Linien denkende Grübler auf das machtpolitisch durchtränkte Agieren eines grünen Alphatiers.

Gemündet ist diese von einer starken religiösen Orientierung begleitete Entwicklung am Ende in einen weltanschaulichen Horizont, in dem Ökologie als Jahrhundert-Aufgabe, Liberalität, ein flammendes Bekenntnis zur Demokratie und zum europäischen Gedanken sowie »pragmatischer Humanismus« die Eckpunkte sind. Wenn Teile der Grünen, und nicht nur sie, Schwierigkeiten mit dem schwäbischen Seelen- und Stimmenfänger haben, dann deswegen, weil er tatsächlich immer wieder Töne mit einem irritierend konservativen Akzent anschlägt. Trotz seines Rufs als solider und seriöser Zeitgenosse: Ganz auszuschließen ist es nicht, dass da Rauflust und Hang zur Provokation eine gewisse Rolle spielen. Seine verbalen Kreuzzüge gegen alles, was auch nur von ferne nach Bevormundung, Zwangsbeglückung oder überhaupt irgendwie links zu riechen scheint, oder sein Liebäugeln mit der neoliberalen These vom gesellschaftlichen Nutzen sozialer Ungleichheit rücken den Hausherrn der Villa Reitzenstein hoch über Stuttgart in die Nähe von Akteuren, in deren Nähe er eigentlich gar nicht gehört. Psychologisches Dilettieren könnte zu der Vermutung verführen, dass da Jugendsünden überkompensiert, zu Deutsch: im Zuge einer persönlichen Vergangenheitsbewältigung öfter mal gleich mehrere Kinder mit dem Bade ausgeschüttet werden.

Entscheidend für das in der Republik noch nie dagewesene anhaltend hohe Ansehen eines Politikers über inzwischen mehr als fünf Jahre und die Zuneigung bei derart vielen Baden-Württembergern und jenseits der Landesgrenzen ist das alles nicht. Für die Leute zählt, dass da einer auf der Brücke steht, der knorrig ist und von Wind und Wetter gegerbt, der ersichtlich kein Partei-Apparatschik ist, sondern eigene Auffassungen vertritt, der – fast – immer erstens ziemlich vernünftig und zweitens so redet, dass man ihn versteht. Und bei dem man stattliche Beträge darauf verwetten könnte, dass da nie ein wie auch immer gearteter Skandal ans Licht kommen wird – einfach weil es keinen gibt. In Zeiten wie diesen, da das Verächtlichmachen des Politikbetriebs und das Naserümpfen über die politische Klasse ausufern bis hin zu Wut und Hass, macht Kretschmann zwar keine Ausnahme: Selbst gegen ihn werden Gift und Galle gespuckt. Die große Mehrheit denkt aber anders über den leidenschaftlichen Wanderer und Handwerker.

Zudem: Gründlich geirrt haben sich ja die Kassandrarufer, die beim ersten, damals noch grün-roten Kabinett Kretschmann befürchteten – oder nur so taten –, von nun an werde es bergab gehen mit Baden-Württemberg. Stattdessen brummt die heimische Wirtschaft wie eh und je, und in den meisten der diversen Rankings der 16 Bundesländer, mal abgesehen von einschlägigen Bildungsvergleichen, in denen sich auch 40 Jahre Reformunwille der CDU niederschlägt, hat das Land seinen angestammten Platz ganz weit oben behalten. Das reicht, um über vermeintliche oder tatsächliche Schönheitsfehler hinwegzusehen. Sodass in Baden-Württemberg die Grünen mit ihren dreißig Prozent mittlerweile als das gelten müssen, was die SPD einmal war: Volkspartei. Und der, der sie dorthin geführt hat, als Vertrauensmann. Weit über die eigene Partei hinaus.

– 2 –

Ganz oben in der Publikumsgunst

Wie ein Provinzpolitiker bundesweit punktet

»Und was bringt mir das jetzt?« Winfried Kretschmann steht im Flur vor dem Raum, in dem die schwierigen Koalitionsverhandlungen mit den Schwarzen vor sich hin stolpern. Sein späterer CDU-Stellvertreter, der Schäuble-Schwiegersohn Thomas Strobl, wollte sie noch vor Beginn im Streit über die passende Lokalität um ein Haar platzen lassen. Der Grüne hat schon bessere Tage gesehen. Er ist gereizt, will mit einem belegten Brötchen in der Hand für einen Moment seine Ruhe, als ihm Journalisten zurufen, dass die Nachrichtenagenturen gerade melden: Kretschmann laut jüngsten Umfragen Deutschlands beliebtester Politiker. Anderen aus der Zunft würde es jetzt womöglich heiß und kalt den Rücken herunterlaufen. Kretschmann hingegen stutzt, zuckt die Schultern.

Von Umfragen hält er nicht so viel: »Und was bringt mir das jetzt?« Nichts, will er damit sagen, und irrt gewaltig.

Der wiedergewählte Ministerpräsident ist der Durchstarter in diesen Wochen im Frühjahr 2016. Zuerst der fulminante Triumph bei den Landtagswahlen. Auch ohne Fukushima und Stuttgart 21 wurde das Ergebnis von 2011 um sechs Prozentpunkte hinaufgeschraubt. Die CDU, die das drittgrößte Land der Bundesrepublik 58 Jahre am Stück regiert hatte und den grün-roten Betriebsunfall von 2011 bei der ersten Gelegenheit vergessen machen wollte, ist hinter seine Grünen zurückgefallen. Die feiern sich jetzt mit 30 Prozent als neue Baden-Württemberg-Partei. Nur Platz zwei und nur 27 Prozent sind für die Christlich-Demokratische Union Deutschlands übriggeblieben. Dem grünen Super-Realo beschert sein neuerlicher Paukenschlag die Aufnahme in den Kreis der Promis, die das Politbarometer des ZDF regelmäßig rankt. Und nicht nur das: Außenminister Frank-Walter Steinmeier schnappt er sogleich den Platz an der Spitze weg. »Mit dem sehr guten Durchschnittswert von 2,4«, sagen die Demoskopen und reiben sich die Augen. Ein Provinzpolitiker, als den er sich selbst immer wieder bezeichnet, wird der Publikumsliebling bundesweit? »Als Schwabe befindet man sich automatisch am anderen Ende der Popularitätsskala«, hat der Journalist Ulrich Kienzle einmal über seine Landsleute gesagt. Kretschmann straft ihn Lügen.

Das Standing hat viele Gründe. Seine Art, Aufmerksamkeit zu erregen, ist knitz, wie die Schwaben sagen, wenn sie meinen: schlau, aber auf liebenswürdige Weise. Der große Mann mit den sprechenden Händen ist interessant auch deshalb, weil er sich nicht interessant macht. Das Sich-Spreizen ist ihm fremd, ungefähr so fremd wie der Physikerin aus dem Osten im Kanzleramt. Fünf Jahre vorher, im April 2011, noch vor seiner Vereidigung, hatte Kretschmann den Satz losgelassen, dass weniger Autos besser wären als mehr. Kritik und verblüfftes Lob prasselten damals auf ihn nieder wie ein Wolkenbruch im Regenwald. Daimler-Chef Dieter Zetsche stand in seinem Büro, CDU und FDP kübelten, in Berlin fühlten sich Autoversteher jeder Provenienz aufgerufen, durch diese »Kampfansage« gleich an die ganze deutsche Industrie herausgefordert, wortreich über ihn herzufallen. Kretschmann wunderte sich. Er meint bis heute, dass der Satz stimmt, wiederholt ihn aber nicht mehr oder nur noch mit so viel erläuternden Zu- und Nebensätzen, dass er unverdaulich wird. Diese Erfahrung stellte wichtige Weichen für den Novizen in der Villa Reitzenstein, seinem Amtssitz hoch über den Dächern von Stuttgart. Nicht rundgelutscht wie ein Kiesel sein, und zugleich die Schlagzeilen dosieren. Zum richtigen Zeitpunkt das Richtige sagen. So einer kann es sich auch leisten, sechs Wochen vor einer Landtagswahl zu bekennen, für wie wichtig er Angela Merkel für Deutschland und Europa hält angesichts der vielen Probleme und Krisen: »Deshalb bete ich jeden Tag dafür, dass die Bundeskanzlerin gesund bleibt.«

Alle Ministerpräsidenten, egal ob besonders oder normal beliebt, haben es schwer. Kretschmann zitiert gern Christian Wulff, der selber mal einer war und sie als Mischung zwischen Bundespräsident und Bundeskanzler beschrieb. Immer um einen Ausgleich bemüht zwischen den repräsentativen Aufgaben und dem operativen Geschäft, zwischen salbungsvollen Worten und harten Botschaften. Der knorrige Schwabe hat es, trotz der hohen Anerkennung, besonders schwer, woran er selber ein gerüttelt Maß an Schuld trägt. In den Monaten nach dem ersten Machtwechsel 2011, nach dem schwierigen Start mit den zwischen Frust und Ambition schwankenden Sozialdemokraten, die partout auf Augenhöhe mitregieren wollten, hat er sich dem Gestrüpp des Alltags durch Delegieren entzogen. Die engsten Berater und Beraterinnen durften entscheiden, was ihm wichtiger und was ihm unwichtiger sein sollte. Einige aus seinem Team kannten oder kennen ihn seit vielen Jahren. Andere kannten ihn da noch gar nicht, Dritte – gerade aus der Riege konservativer Ministerialbeamter in seiner Regierungszentrale – mögen ihn bis heute nicht.

Schneller als bei anderen Spitzenpolitikern entwickelte sich in Kretschmanns Umfeld eine reichlich schräge Form der Rundumbetreuung, die eine kräftige Dosis Entmündigung und Infantilisierung enthält. Er lässt sich vollpacken mit Terminen, weiß oft selber nicht, wo er in zwei Stunden sein wird, muss sich per Schnellbleiche auf schwierige Treffen vorbereiten lassen. Für Eigeninitiative bleibt wenig Raum, er lässt sich herumschieben im Alltag, hat die Oberhoheit über seinen Kalender schon längst abgegeben an »meine Leut'«, wie er seine engsten Mitarbeiter zu nennen pflegt. Erwin Teufel, der Vorvorvorgänger im Amt, hatte einst mitten in Manhattan ausschreiten wollen, einfach per pedes bis zur Südspitze, um einen Blick auf die Freiheitsstatue zu werfen. Die Entourage war entsetzt über so viel Eigensinn, bis Teufel »Nie kann ich so machen, wie ich es will!« brüllte und losmarschierte. Das war allerdings schon in seiner dritten Legislaturperiode.

Kretschmann brüllt selten. Jedenfalls nicht öffentlich. Aber er leidet vor sich hin, wenn ihm, wie so oft, ein Redetext nicht passt, wenn der heiße Tee zur Pflege der ewig angegriffenen Stimmbänder nicht parat steht, wenn er kurz vor sieben Uhr morgens von Stuttgart nach Brüssel fliegen muss. »Nach Paris bin ich neulich noch früher«, sagt er schulterzuckend. Natürlich könnte er auch sagen: Macht mir ein anderes Programm, ihr Pfeifen. Tut er natürlich nicht. Manchmal lässt sich er sich von seiner persönlichen Referentin sogar in aller Öffentlichkeit den Kaffee umrühren. Jedes Alphatier würde umgehend ihre Kündigung erwägen.

Aber der Grüne hat sich in solchen Dingen zu einem Hinnehmer entwickelt. Manchmal scheint das abzufärben auf seine politische Arbeit. Er weicht, wenn er sich nicht gerade mal wieder an seiner Partei abarbeitet, speziell an der Parteilinken, Konflikten aus, statt sich ihnen zu stellen. Nach dem Motto: »Da steck' ich doch lieber den Kopf in den Sand«. Oder in der ehrlichen Hoffnung, dass Beten helfen könnte. Er scheut offene Worte aber auch, weil er seinen Hang kennt, aus der Haut zu fahren, wenn er sich richtig echauffiert. Fünf Jahre lang hat er zwischen Grünen und Sozialdemokraten vermittelt und ausgeglichen und sich dabei immer wieder selbst gebremst, jetzt setzt sich das fort mit einer CDU, die etliche Monate nach der Landtagswahl vom März mit ihrem Ergebnis noch längst nicht fertig ist.

»Schuldfragen zu beantworten ist nicht produktiv«, heißt seine Parole, mit der er Rechthaberei und Nachtreten unterbindet. Die selbstverordnete Zurückhaltung führt sogar dazu, dass er selbst bemerkenswerte persönliche Erfolge nicht hinausposaunt. Stattdessen agiert er als stiller Genießer, wenn er erzählt, wie die ersten Runden mit der Kanzlerin abgelaufen sind, wie er als Neuling auf dem Berliner Parkett maßgeblich mithalf, den gordischen Knoten zur Atomendlagersuche zu durchschlagen. Dem 14-Punkte-Katalog zur Energiewende hat der Grüne aus dem Südwesten ebenfalls seinen Stempel aufgedrückt, nur ein paar Wochen nach Amtsantritt. Daran erinnert er sich oft und gern: Als er den Termin mit Angela Merkel verließ, hat er zu sich selbst gesagt: »Winfried, schon dafür hat sich alles gelohnt.« Öffentlich gesagt hat er es erst viel später.

Die Art, wie sich der einzige grüne Regierungschef der Welt in die inzwischen vertraute Rolle fügt, sagt viel aus über sein Verhältnis zu sich selbst. Aber sie erklärt auch seine Ausstrahlung, seine Wirkung, wenn er auf einem Marktplatz aus dem Auto steigt, wenn er eine Bühne betritt oder endlich einmal wieder wandert auf der geliebten Schwäbischen Alb und dann doch geduldig für ein Selfie nach dem anderen zur Verfügung steht. Er versteht sich tatsächlich als Volksvertreter, er ist als Vertreter des Volks – mittendrin. »Land und Menschen zu dienen, dazu wird man in der Demokratie gewählt«, umreißt er sein Amtsverständnis und sagt das so, dass es bei weitem nicht so sehr nach Phrase klingt, wie es bei mindestens acht von zehn Berufspolitikern klingen würde. Anfangs hat er den inoffiziellen Titel des Landesvaters zurückgewiesen – manch anderer sähe sich am Ziel seiner Wünsche, wenn die Bürger und Bürgerinnen ihn so titulieren –, »weil mir das zu paternalistisch ist«. Aber dann sei ihm aufgegangen, dass die Menschen »gerade in Krisenzeiten einen Ministerpräsidenten brauchen, der Ruhe und Besonnenheit ausstrahlt«.

Im Herbst 2016 hat der eben erst wiedergewählte Ministerpräsident Anlass, sich mit dem Gedanken an einen Umzug von Laiz bei Sigmaringen nach Berlin zu befassen. Joachim Gauck will keine zweite Amtsperiode als Bundespräsident, Angela Merkel tut sich schwer, einen geeigneten Nachfolger in den eigenen Reihen zu finden – und hat einen begehrlichen Blick auf den kantigen Mann aus Oberschwaben geworfen. Ein Abendessen der beiden, über das sonst nichts nach außen dringt, dauert viel länger als vorgesehen. Trotzdem sagt Kretschmann wochenlang in jedes Mikrofon den Standardsatz: »Ich strebe dieses Amt nicht an.« Professionelle Beobachter und nicht nur sie schlussfolgern, dass er es nähme, wenn die Kanzlerin es ihm anböte. Manchmal verrät ihn seine Mimik. Ein Grüner im Schloss Bellevue, diese Chance kann sich die Partei nicht entgehen lassen – so oft wird es sie nicht geben. Und dass er »Präsident könnte«, wird allenfalls von Leuten bezweifelt, die ihn hassen als Stuttgart-21-Verräter, oder Grüne, die ihn nicht schätzen, weil er ihnen einfach zu oft mit Positionen der Partei über Kreuz liegt, und das auch noch mit einer provokanten Mischung aus Genuss und pädagogischem Eifer.

Die große Mehrheit der Deutschen sieht das so nicht. Bei einer Veranstaltung in Stuttgart-Feuerbach zu Zustand und Zukunft der Europäischen Union umringen ihn ein paar Zuhörer aus einer Alterskohorte, die für gewöhnlich nicht scharf ist auf Fotos mit Promis. »Wollen Sie Bundespräsident werden?«, fragt eine Frau. Kretschmann setzt zur Antwort an – und stutzt, weil er spontan erkennt, dass dies nicht der passende Moment ist für die abgenutzte Floskel von dem Amt, das er nicht anstrebt. »Ich möchte wirklich in Baden-Württemberg bleiben«, sagt er, und die Umstehenden strahlen. Der inzwischen 68-Jährige ist bestimmt nicht gänzlich frei von Eitelkeit. Aber Koketterie kann ihm nur andichten, wer ihn schlechtmachen will. Kretschmann, der Wanderer, VfB-Fan und Heimwerker, ist einfach zu bodenständig, ist außer Realo zu sehr Normalo. Demoskopen, Politikberatern, nicht zuletzt Journalisten gibt er immer neue Rätsel auf, weil er nicht in die üblichen Schubladen passt, in denen die Politiker sonst so vor sich hin leiden wegen dieser wuchernden Politikerverachtung.

Ein Fixpunkt für alle baden-württembergischen Regierungschefs seit Lothar Späth ist die wöchentliche Pressekonferenz im Landtag. Nicht der Medientross steigt wie noch zu Hans Filbingers Zeiten hoch hinauf in die Villa Reitzenstein, in der das Staatsministerium residiert. Der Ministerpräsident kommt hinunter in den Talkessel und stellt sich Dienstag für Dienstag einer bundesweiten Besonderheit, der völlig offenen Journalisten-Fragerunde. Die findet grundsätzlich zu Beginn statt, noch bevor er seine eigenen vorbereiteten Botschaften an Mann und Frau bringen kann. Und oft dauert sie deutlich länger. Oppositionspolitiker freuen sich, wenn Ministerpräsidenten »gegrillt« werden von den Medienleuten. Das war beim grünen Fraktionschef nicht anders, als der noch Kretschmann hieß. Aber noch alle Regierungschefs wollten die Stuttgarter Tradition abschaffen, irgendwie verändern oder zumindest nach hinten schieben und dadurch verkürzen. Ein Schelm, wer Böses dabei denkt. Auch Kretschmann mag diese Einrichtung nicht und nennt sie »die Hölzchen-und-Stöckchen-Runde«. Er fügt sich schnell, seine Mitarbeiter verfallen auf die aberwitzige Idee, sie könnten Woche für Woche erahnen, welche mehr oder weniger unbequemen Fragen aufs Tapet kommen könnten. Das Ziel: den Chef präparieren mit Textbausteinen.

Wie das mit Ahnungen so ist, liegt sein ihn Dienstag für Dienstag begleitendes Team mal richtig und mal falsch. Anders als Kretschmann, der fast immer richtig liegt, wenn er frei von der Leber weg antwortet, anstatt Spickzettel vorzulesen, wenn er sich auf sich und auf seine Intuition verlässt. Er ist themensicher von Religionsfreiheit bis Elektromobilität, von Nationalismus bis zum Silicon Valley. Intuitiv agiert er so zum eigenen Wohl, er demonstriert seine Authentizität. Er agiert aber auch intuitiv zum Wohle Dritter, nicht als Regierungschef, sondern als Mensch. Bei der Stallwächter-Party 2014 in Berlin feiert sein spröder SPD-Vize Nils Schmid in seinen 41. Geburtstag hinein, das Mitternachtsständchen droht peinlich lieblos zu verklingen. Kretschmann, den alles andere als ein inniges Verhältnis mit dem kühlen Sozialdemokraten verbindet, organisiert höchstpersönlich einen Kanon: »Viel Glück und viel Segen auf all deinen Wegen.« Und wieder ein paar Pluspunkte, diesmal auf der Berliner Bühne.

Einmal in der Zeit, in der er sich als Gauck-Nachfolger handeln ließ, bricht er sein Talkshow-Fasten. Diese Abstinenz hat er sich seit Amtsantritt 2011 auferlegt, auf Anraten jener Mitarbeiter, die ihn besonders gut kennen. Ohne ausreichend Zeit, seine Argumente zu entwickeln, ist Kretschmann nicht gut, der hektische Schlagabtausch, das gegenseitige Sich-Überschreien ist ihm ein Gräuel. Sandra Maischberger bringt ihn gar nicht erst in diese Lage und behandelt ihn als Super-Gast, fast in der Liga von Helmut Schmidt, Richard von Weizsäcker oder Angela Merkel: zu Beginn also ein Duett. Kretschmann lässt sich auf ein Entweder-oder-Frage-Spiel mit heiklen Bekenntnissen ein und entscheidet sich bei einem Vergleich zwischen Horst Seehofer und Thüringens MP Bodo Ramelow von der Linken zögernd für den Bayern. Eben den, der wenige Tage später endgültig mit dafür sorgen wird, dass Baden-Württembergs Ministerpräsident Baden-Württembergs Ministerpräsident bleibt und nicht Gauck-Nachfolger wird. Für eine Handvoll Einwürfe sind dann doch die Schauspielerin Maren Kroymann und der Journalist Jakob Augstein zugelassen. Der beschimpft die Grünen als »CDU light mit Insektenschutzprogramm«. Das regt Kretschmann noch wochenlang auf: »Das hat mich ziemlich angegriffen.« Insekten stehen in der Nahrungspyramide als scharfer Indikator dafür, was sich an unseren Lebensgrundlagen ändert: »Wenn die Zahl der Bienenvölker von 2,5 auf 1,5 Millionen zurückgeht, sind 80 Prozent unserer Wild- und Nutzpflanzen betroffen, denn die werden von ihnen bestäubt.«

Stammtischparolen hat er selten im Angebot, aber Aufreger fürs eigene Lager reichlich. Gegenwind stählt. Den hat er entfacht 2014 mit seiner ersten Zustimmung zur Ausweitung der Liste sicherer Herkunftsstaaten im Bundesrat. Damals, zurück in Stuttgart, fängt ihn eine Gruppe der Grünen Jugend vor dem Haus der Abgeordneten ab. Sein Naturell kommt ihm in der direkten Auseinandersetzung zugute, er wirkt wie Luther bei seinem Auftritt in Worms: »Hier stehe ich und kann nicht anders.« Als eine junge Frau lauter wird, hebt er seine Stimme: »Es geht um einen sehr fragilen gesellschaftlichen Konsens.« Die Youngster, die plötzlich verdutzt ins geziemenden Abstand erzeugende Sie verfallen, lenken inhaltlich nicht ein. Er auch nicht.

Wohlwollende nennen so etwas Prinzipientreue, andere, die die Grünen unter seiner Führung auf einem abschüssigen Pfad hin zu dieser »CDU light mit Insektenschutzprogramm« oder zu einer Art FDP mit Fahrrad und Genderstern sehen, beklagen die Veränderung, sogar den Verrat von Überzeugungen. »Der Kretschmann, bei dem ich anfing«, lässt sich in der Präsidentendebatte ein früherer SPD-Minister zitieren, der seinen Namen natürlich nicht publik gemacht sehen will, »ist nicht mehr der, bei dem ich aufgehört habe.« Wie denn auch. Er ist gealtert, gebeugter, es ist ihm öfter anzusehen, wie sehr er physisch am Limit operiert. Er ist beratungsresistenter als früher, aber er ist Kult. Der Status macht interessant. Schon lange vor dem Start in den Bundestagswahlkampf 2017 hagelt es Anfragen, ob der Schwabe nicht vorbeikommen könnte als Publikumsmagnet und Stimmensammler.

Und den Strippenziehern von der CDU, die jetzt mit ihm in einer Landesregierung sitzen (müssen), dämmert im Fingerhakeln des Regierungsalltags erst langsam, dass dem ungeliebten neuen Chef mit ihrer Methode kaum beizukommen ist. In den Koalitionsverhandlungen haben die Schwarzen schmerzliche Zugeständnisse gemacht, in der Bildungs-, in der Gesellschaftspolitik, bei Stuttgart 21, einem Vorhaben, bei dem in den nächsten Jahren sich mit Sicherheit noch Finanzlöcher auftun werden. Sie müssen sogar schlucken, dass der in fünf Oppositionsjahren als grüner Gottseibeiuns geächtete Winfried Hermann Verkehrsminister geblieben ist. Noch ein Tiefschlag ist die erste Umfrage nach dem historischen Absturz. Die Grünen steigen weiter in der Wählergunst, während die Schwarzen erneut an Zustimmung verlieren.

Demoskopen haben längst erhoben, was die Figur Kretschmann auf die Waagschale bringt: gut und gern zehn Prozentpunkte. Also träumten auch CDU-Vize Strobl und die Seinen kurz den Traum vom Bundespräsidenten Kretschmann. Denn dann hätte aus grün-schwarz schwarz-grün werden können durch eine gezielte Provokation und ein Platzenlassen der Regierung vor Ablauf der Legislaturperiode. Aus der Traum. Stattdessen will Kretschmann, sagt er, jetzt weitermachen, mindestens bis 2021. »Wenn Gott mir die Gesundheit schenkt«, fügt er schon einmal hinzu – wie passend – bei seiner Rom-Reise zum Papst. Aber das erscheint dann sogar ihm selber zu fremdbestimmt. Deshalb versucht er dem Schicksal nachzuhelfen – mit »dosiertem Alkoholverzicht« und dem Vorsatz, endlich mehr Sport zu treiben. Platz dafür hat er in seinem Tagesablauf nicht. Und er wird wohl auch keinen Weg finden, ihn sich zu schaffen.

– 3 –

Mensch Kretsch

Private Sphäre und öffentliches Interesse

Im Herbst 1983 lädt Lothar Späth als Präsident des Bundesrats die Ministerpräsidentenkollegen zum festlichen Empfang. Nicht irgendwohin, sondern ins Residenzschloss Ludwigsburg. Die Kristalllüster strahlen, die Gäste auch. Alle kommen: Franz Josef Strauß aus München, Johannes Rau aus Düsseldorf, Bernhard Vogel aus Mainz, Richard von Weizsäcker aus Berlin. Und die Kretschmanns aus Leinfelden-Echterdingen. Winfried Kretschmann ist Sprecher der Grünen-Gruppe im Landtag und ohne Berührungsängste. Auf Einladungen des Landes, das war damals und noch lange so üblich in Baden-Württemberg, steht nur die Kleiderordnung für Männer. Gerlinde macht's dennoch richtig: schicker Rock und passendes Oberteil. Nach dem Essen kommen die beiden Musikliebhaber Winfried und Gerlinde auf ihre Kosten: Im Schlosstheater dirigiert Wolfgang Gönnenwein Mozart, den Carl Eugen von Württemberg anno 1763 zwei Tage in Ludwigsburg hatte warten lassen: nicht wichtig genug.

Lothar Späth, der Baden-Württemberg in Wirtschaft und Kunst, Forschung und Wissenschaft an die Spitze aller Bundesländer zu führen gedachte, hatte gerade ein Monatsgehalt darauf verwettet, er werde mit grüner Politik die Grünen wieder aus dem Landtag verschwinden lassen. Wenn überhaupt hat der oft als »Cleverle« Beschriebene erst nach dem Machtverlust 2011 für seine CDU verstanden, was in und hinter dieser Partei steckte, und dass flotte Sprüche und eine Handvoll nachhaltiger Entscheidungen nicht ausreichen konnten, die Neuen überflüssig zu machen. Immerhin durfte Späth für sich in Anspruch nehmen, Kretschmann und den fünf anderen aus der ersten Fraktion der Grünen stets vergleichsweise respektvoll begegnet zu sein, als Beleg für die eigene Weltoffenheit, sozusagen. Selbstverständlich war das zu dieser Zeit keineswegs.

Schon mit damals 35 machte es Kretschmann seiner Umgebung leichter als viele andere Grüne in jenen Jahren: keine Turnschuhe, keine Latzhose, keine langen Haare, kein Schmuddelbart. Stattdessen Anzug, Seitenscheitel, ein Brillengestell, wie es heute wieder modern ist, angemessenes Benehmen. Die Art, die ihn später zu einem der beliebtesten Politiker der Republik machen sollte, war irgendwie schon angelegt: Ein Typ, der durch provokante, plakative Aktionen auf sich aufmerksam machen muss, war er nie. Er ist groß, sein Bass trägt, die Hände sprechen mit. Und er gehört zu der Sorte Menschen vom Land, die in der Stadt nicht fremdeln. Es gibt Bauern, die sich abseits ihrer Scholle, und Förster, die sich fern vom Wald unwohl fühlen, erst recht, wenn sie feststellen, dass ihre Unsicherheit auffällt. Winfried und Gerlinde Kretschmann sind gelassen, selbstbewusst, trittsicher – auf der Schwäbischen Alb, der Chinesischen Mauer oder unter der Golden Gate. »Echt eben«, sagt Elmar Braun, grüner Bürgermeister im oberschwäbischen Maselheim, der beide seit Jahrzehnten kennt.

So bewegen sie sich unkompliziert auch in der neuen Umgebung, auf den ersten Auslandsreisen, später selbst wenn sie hohe und höchste Gäste empfangen. Gerlinde kommt Anfang Juni 2013 mit dem Zug aus Sigmaringen, um das niederländische Königspaar auf Stippvisite durch Stuttgart zu begleiten. Sie hat sich wieder einmal für Türkis entschieden, für hohe Absätze und eine flotte Unterarmtasche. Auf der Anreise lernt sie zwei begeisterte Holländerinnen vom Bodensee kennen, die drücken ihr einen orangefarbenen Schal in die Hand mit der Bitte, doch ein Autogramm von Willem-Alexander und Máxima zu besorgen. Die Gattin des Ministerpräsidenten in der Rolle eines Groupie? Sie ist sich nicht zu schade. Sie erfüllt die Bitte. Herr König und Frau Königin sind begeistert und die Besitzerinnen des Schals erst recht, als sie sich ein paar Tage später mit ihnen trifft, um das durch die Unterschrift geadelte gute Stück zu übergeben.

Auch ihre Art ist erfolgreich. Beim ersten Treffen mit den Damen des Diplomatischen Corps fremdeln die Konsulinnen und die Gattinnen der Konsuln im Land gewaltig. Kein Defilee, viele haben sich um die Stehtische im Foyer versammelt, als bräuchten sie eine Schutzbarriere vor der neuen grünen Gastgeberin. Gerlinde Kretschmann tut so, als merke sie wenig bis nichts von der reservierten Stimmung. Sie geht von Tisch zu Tisch und stellt sich vor. Drei Stunden später, als das

Kuchenbuffet einigermaßen geplündert und die Atmosphäre lockerer ist, erzählt sie die Geschichte vom »Sozi-Maier«. Das war der Soziologie-Prof an der PH in Reutlingen, der genau wusste, wer es nicht bis in einen Hörsaal schafft: die Frauen mit den Handicaps katholisch, aus bäuerlichem Haushalt, ländlicher Umgebung und kinderreicher Familie. Da sprang die junge Studentin auf und sagte: »Und hier steht der lebendige Gegenbeweis, ich habe sieben Geschwister, mein Vater ist Bauer und katholisch sowieso.« Das Eis ist endgültig gebrochen. Als die Gäste aufbrechen, stehen die Damen dann doch noch Schlange – um sich zu verabschieden. Und sie tragen ins Land hinaus, dass der neue Grüne so arg auch nicht sein kann, bei dieser herzlichen und patenten Ehefrau.

Gerlinde bringt noch weniger aus der Ruhe als ihren Mann. Am ersten der beiden für ihn so erfolgreichen Wahlabende, dem vom März 2011, ist aber sogar sie nervös und will die ersten Prognosen nicht so recht glauben. Der zweite Abend fünf Jahre später ist ein Spiegelbild. Sie steht vor einem der vielen Fernsehschirme im Stuttgarter Neuen Schloss, betrachtet die sich verfestigenden Hochrechnungen, die den Grünen Platz eins zuschreiben, mit ungekünstelter Fassungslosigkeit. Und will wieder nicht glauben, dass da ein Stück Geschichte geschrieben wird. Stunden später, nach Dutzenden Interviews, Live-Auftritten, hunderten geschüttelten Händen steht sie mit ihrem Mann auf der Bühne in der Staatsgalerie und himmelt ihn an, was eigentlich gar nicht ihre Art ist. Applaus, der nicht enden will, so viele strahlende Gesichter und ein Ministerpräsident, der seine Rührung nicht verbergen mag. Seine Frau kommt noch vor ihm auf den Boden der Tatsachen: Während der Wahlsieger in Erinnerungen an die erste Fraktion vor 36 Jahren schwelgt, nimmt sie schon die Koalitionsverhandlungen in den Blick – und geradezu prophetisch die CDU.»Das wird nicht einfach werden für ihn«, prophezeit Gerlinde und sagt in eines der Mikrophone, dass man aber auch diese »Kurve in unserem Leben« gemeinsam bewältigen werde – »weil wir bleiben, wie wir sind.«

Die Chancen stehen nicht so schlecht. Auch weil die beiden ein gegenseitiges Versprechen gehalten haben. Persönliches, Halbprivates oder gar Privates ist nur in sehr kleinen Dosen an die Öffentlichkeit gelangt. Die Kretschmanns pflegen eine gesunde Distanz zur Mediengesellschaft. »Wenn ich ehrlich bin, befremdet es mich, dass ich so wichtig geworden bin«, wundert er sich über die Folgen seines späten Aufstiegs in ein Spitzenamt. Mit Leidenschaft Politik machen, das ja, aber die Lebensweise von Politikern behagt ihm nicht. Seine Klagen darüber sind im Laufe der Jahre seltener geworden. Die Gewöhnung an den Dauerstress ist nicht zu übersehen. Wer den Mann des Jahrgangs 1948 regelmäßig sieht, erschrickt manchmal, wie mitgenommen er aussieht – und ist ein paar Tage später verblüfft darüber, wie schnell er sich regenerieren kann.

Beide, Winfried und Gerlinde, sind so viele Jahre gut gefahren, weil sie ein Maß im Umgang mit Medien halten, das aus einer anderen Zeit zu stammen scheint. Die Zeitung mit den ganz großen Buchstaben schickte wenige Tage nach dem Wahlsieg 2011 zwei Reporter nach Laiz. Nach der vierten von sechs steinernen Stufen, die hinauf zum Eingang des Wohnhauses führen, ist Endstation. Dort lässt sich die Hausherrin fotografieren. Zum 65. Geburtstag, den der Regierungschef (»Jede Kuh hat Geburtstag«) im kleinen Kreis feiern wollte, versucht BILD einen zweiten Anlauf und lässt eigens die

Tailfinger Stadtkapelle nicht nur für ein Ständchen auffahren. Die Spielleute, Fanfarentrompeter und Flügelhörner blasen dem Grünen den »Marsch der Medici«. Er schmilzt dahin bei der schmissigen Melodie, die für ein Militärblasorchester komponiert wurde. Aber auch dieser Anbiederungsversuch schlägt fehl. Der Jubilar spendiert eine Runde Schnaps auf dem Vorplatz und verabschiedet sich mit einem freundlichen Satz wieder ins Innere des Hauses.

Natürlich ist inzwischen bekannt, dass der Ministerpräsident ein passionierter Heimwerker ist. Er kann praktisch alles, geht bis heute selber und vor allem gern in den Baumarkt: »Zwischen den Regalen könnte ich mein halbes Leben verbringen.« Dass er da nach eigenem Bekunden geradezu Sinnliches empfindet, mag man kaum glauben bei einem, der ja berühmt dafür ist, dass er sich auskennt mit Aristoteles und Perikles, mit Plato, Kant und Weber. »... allein die ganzen Schlagbohrmaschinen miteinander vergleichen und in die Hand nehmen ...« Im vergangenen Sommer hat er einen Zaun gebaut – zur Erholung, zum Abschalten, zum Kopffreikriegen. Und weil sowas Freude macht. Zum 65. Geburtstag hat ihm sein grün-rotes Kabinett einen Schweißerkurs geschenkt, im Funkenhagel einer Werkstatt im nahen Nürtingen hat sich der Ministerpräsident des Schaffe-schaffe-Ländles redlich abgemüht mit dem ungewohnten Gerät. Und sich vorgenommen, was er als erstes machen würde, wenn die Nähte mal so sind, wie sie sein sollen: an der Wendeltreppe der Mieter die oberste Stufe reparieren, denn die wackelt.

Der Heimwerker hat zugelassen, dass das Hutschpferd für den ersten Enkel und seine Feinarbeit daran zentraler Bestandteil eines Wahlwerbespots wurden. Und dass ein Medientross dabei war, als er einen auf seinen Namen getauften Kaktus in einem Kakteengarten einpflanzte. Den zweiten durfte er mitnehmen, der hat jetzt einen Ehrenplatz im Garten hinterm Haus, »wo wir unter uns sind«. Vor allem seine Frau habe ein feines Gespür für die Grenze zwischen Privatem und Halbprivatem. Deshalb sucht im Netz und den Archiven vergeblich, wer eine Homestory nach allen Regeln des Boulevard finden möchte. Wenn ein Journalist schreibt, seine Frau habe sich auf einer Wanderung übernommen, dann kann es passieren, dass das Handy klingelt und der Ministerpräsident sich mit der Botschaft meldet, solche Mitteilungen hätten in einer Zeitung nichts verloren.

Erwin Teufel, mit dem der Nachnachnachfolger so oft verglichen wird und auf den er sich erstaunlich oft bezieht, wehrte sich lange dagegen, seine privaten Kreise stören zu lassen. Irgendwann wurde dann aber doch geplaudert, über Kinder und Enkel, über unerfüllte Sehnsüchte oder auch nur über Urlaubspläne. Einmal hat seine Edeltraud eine Torte aufgetischt, ein Geschenk vom örtlichen Konditor – im heißen Licht der Scheinwerfer rannen Prinzipien und Crème davon, und der Turner aus Zuckerguss fiel symbolträchtig vom Reck. Nicht nur zwischen Teufel und Kretschmann werden oft Parallelen gezogen. Auch ihre Frauen ähneln sich. Zur einen, der des Älteren, hätte es gut gepasst, »First Lady« sogleich mit »Landesmutter« zu übersetzen, »keine Dame« sein zu wollen oder unverhohlen Vorfreude auf den nächsten Landespresseball zu äußern. Den besuchte Gerlinde zweimal in ein und derselben Robe. Aus Gründen der Nachhaltigkeit? Sie lacht: »Weil ich mich darin wohl fühle!«, und ihr Mann »hot g'sait, trag's doch so oft, wie du willst.«

Politiker und Politikerinnen haben keinen Anspruch darauf, unerkannt durchs Leben zu gehen, auf einmal nicht Figuren von öffentlichem Interesse sein zu wollen, erst recht, wenn sie so bekannt sind wie der Grüne inzwischen weit über die Grenzen Baden-Württembergs hinaus. Früher, erzählt Kretschmann, sei er mehr oder weniger ohne aufzufallen durch Stuttgart gegangen. Das hat sich geändert. Im zweiten, komplett auf seine Person zugeschnittenen Landtagswahlkampf macht er die Erfahrung, wie das ist, sich alle paar Meter selbst zu begegnen, affichiert im Groß- und im Kleinformat und mit Sprüchen wie »Regieren ist eine Stilfrage«. Der Irritation folgte die pragmatische Einsicht, bei seiner Popularität wäre es ja geradezu »bekloppt«, ihn nicht zu plakatieren. Danach kommt einer dieser kessen Sprüche, die seinem Publikum zeigen, wie gut Kretschmann Humor kann: »Hätt' ich jetzt die Umfragewerte vom Hollande, tät' mr das anders mache.«

In der Landeshauptstadt fühlen sich die Laizer zumindest zu Hause. »Das ist unsere Stadt«, überrascht der Grüne gern seine Zuhörer, »meine Stadt, die einzige Großstadt, die ich einigermaßen kenne.« Im Studium hat er sie viele Male durchstreift. Mit den Kindern hat die Familie die vielen lokalen Schönheiten genossen, die Tier- und Pflanzenwelt in der Wilhelma, den Schlossgarten, von dem heute ein Teil der Stuttgart-21-Baustelle zum Opfer gefallen ist, die Weinberge im Neckartal.

Vom Reitzenstein herunter und der Villa, in der die zentralen Teile des Staatsministeriums untergebracht sind, ist der Blick auf den Talkessel besonders schön. Der Garten drumherum erst recht. Günther Oettinger hatte sich am Tag seines

Einzugs eine Gärtnerin an ein Gartenbeet bestellt – oder die Medienberater, das ließ sich nie aufklären – und fragte sie, umringt von Reportern, jovial aus. »Ich komme auf Sie zu«, versprach er, »und Sie erklären mir den Garten.« Es blieb bei der Ankündigung. Kretschmann hat sich den Park bald erobert, jetzt erläutert der frühere Biologielehrer seinen Besuchern botanische Besonderheiten. Beim Einzug 2011 dachte der Neue öffentlich darüber nach, mit seinem ganzen Ministerium in die Stadt zu ziehen, um »näher bei die Leut'« zu sein. Längst hängt sein Herz am Garten, an den lauen Sommernächten, in denen er schon mal mit einem Glas Metaxa auf der Terrasse hockt. Genug der Indiskretionen!

Eher unter sich, mitten in der Öffentlichkeit, wollen Kretschmanns auch bleiben, wenn sie in die Stuttgarter Oper gehen. Sie sind Liebhaber. Nicht um sich in den gehobenen Kreisen sehen zu lassen, sondern aus Leidenschaft. Und prinzipiell gewissermaßen. Denn sie wählen nicht aus, sie schauen alle Opern an im Württembergischen Staatstheater. Ohne Ausnahme, mehr als zwanzig Jahre lang. Inzwischen ist die Zeit knapp, was der Begeisterung keinen Abbruch tut. »Oper ist die Königin des Mediums Theater«, sagt Kretschmann und schwärmt, dann doch überraschend für einen Mann, dem anhaltend das konservative Etikett vom Regietheater anklebt. Nicht wenige Opernbesucher reagieren bekanntlich oft schockiert oder verstört auf die schrägen Einfälle mit viel nackter Haut oder den Anspielungen auf politisch finstere Zeiten. Nicht so die Kretschmanns. Noch ein Klischee ist zertrümmert. »Das ist für mich der Zugang zur Moderne und zu moderner Kunst«, er will nicht nörgeln, sondern sich freuen am Reichtum der Einfälle und Ideen. Etwas Besseres, sagt er, gibt es nicht, als Altes immer wieder neu, anders und mit Phantasie zu inszenieren, er schwärmt von Purcells King Arthur und Wagners Parsifal: »Ich gehe in die Oper mit einem ausschließlich ästhetischen Blick, ich genieße mit wirklich kindlicher Freude die Kreativität der Regisseure.« Und die »blasierten Kritiken« in den Zeitungen liest er nachher nicht, und auch große Namen interessieren ihn wenig. Stattdessen fahren sie für eine »Walküre« nach Karlsruhe. Irgendwann stand die »Zauberflöte« auf dem Spielplan. Beide haben kurz gezögert, er schätzt, dass sie Mozarts Oper wohl um die zwanzig Mal gesehen haben. Dann sind sie doch hingegangen – »es hat sich richtig gelohnt.«

Die Freude an klassischer Musik bekommt im Laufe der Regierungsjahre eine zusätzliche Bedeutung. Sie hält den Ministerpräsidenten jung. Besonders gut schlägt die Anti-Stress-Doppeltherapie »Musik hören und Heimwerken« an. Einmal – »es war hoch an der Zeit« – räumte er seine Werkstatt auf, versank zugleich in »Figaros Hochzeit«. Und als er fertig war, beseelte ihn vor allem ein Wusch: die ganze Oper noch einmal zu hören. Warum? »Weil es immer was Neues zu entdecken gibt.«

– 4 –

Wie Macht biegt und beugt

Ein Akteur zwischen Alltagszwängen und Naivität

Gut drei Jahrzehnte ist Winfried Kretschmann schon in der Politik, als er 2011 erster grüner Regierungschef wird. Und so wie er gestrickt ist, wird er viele Stunden über die Beugekraft der Macht nachgedacht haben, darüber, wie und warum Politiker sich verändern im Lauf der Zeit. Sicher keinen Platz hätte darin die Vorstellung gehabt, dass er selber bereits nach hundert Tagen im Amt im Duett mit seinem SPD-Vize Nils Schmid vor der Presse schönfärbt, weichspült, bemäntelt und verbrämt auf Teufel komm raus.

Es ist angerichtet im Sommer 2011, dafür sorgen der Wettergott und die in der neuen Landesregierung (»Der Wechsel beginnt«) für die Vermarktung Zuständigen. Die Sonne strahlt auf den Rosengarten mit seinen vielen alten Stöcken in voller Pracht, der für Stuttgart so typische Sandstein der Villa Reitzenstein im Hintergrund symbolisiert die Beständigkeit. Davor, als hätten bei der Inszenierung Studierende der Filmakademie Ludwigsburg ein Mitspracherecht gehabt, zwei dynamische Männer im hochsommerlich weißen Kurzarmhemd. Natürlich ohne Krawatte, weil die wirklichen Eliten seit Barack Obama selbst bei offiziellen Auftritten darauf verzichten können. Die Aufmerksamkeit ist groß: Kamerateams aus der ganzen Republik sind da, es gibt Liveschaltungen. Nachrichtenmäßig ist gerade Sommerloch. Und hier gibt es Botschaften, aufgereiht wie auf einer Perlenschnur über das in den ersten hundert Tagen schon Geleistete, über die ambitionierten Projekte und darüber, was sich nach 58 Jahren CDU-Herrschaft alles ändern muss im Südwesten. Beide, Schmid und Kretschmann, mit dem Selbstverständnis als Vorreiter und im zur Schau getragenen Bewusstsein vom Stammplatz auf der Überholspur.

Manchmal entgleist Kretschmanns Miene aber doch. Längst weiß er, dass die Schlagzahl zumal in der heiklen Bildungspolitik zu hoch ist. Von dem Überschwang, in dem er Grün-Rot verglichen hatte mit einer Liebesheirat, ist nach all den internen Turbulenzen und Kabbeleien fast nichts mehr übrig. Schon während der Koalitionsverhandlungen war das Bild von den getrennten Betten zum Running Gag geworden. Der Grüne wird an die Wand gedrückt von der Machterfahrung einer fast 150 Jahre alten Partei. Und speziell vom Machtbewusstsein der vielbeschriebenen Netzwerker, die in Baden-Württemberg bundesweit vorführen wollen, wie toll sie sind und wie erfolgreich die SPD sein kann, wenn sie einen geschmeidigen ideologiefreien Kurs fährt. Richtig erholen wird sich das Verhältnis zwischen den beiden ungleichen Partnern nie mehr; im Laufe der fünf Jahre tritt eine pragmatische Gewöhnung ein, davon ist in den ersten Monaten wenig zu spüren. Die Sozis halten Absprachen für überflüssig, wenn ihr Vorgehen durch den Koalitionsvertrag gedeckt scheint. Es wird heftig geschachert um einflussreiche Posten in der zweiten Reihe. Hinzu kommt der mühsam im Zaum gehaltene Großkonflikt um Stuttgart 21. Manchmal versteht Kretschmann die Welt nicht mehr, weil diese Welt nur noch wenig mit seinem Verständnis von Politik zu tun hat. Einen heftigen Fauxpas hat sich Nils Schmid geleistet, als er sich von seinen Berliner Genossen eine Bundestagsrede organisieren lässt – hinter dem Rücken des Ministerpräsidenten, der aus allen Wolken fällt, als er davon erfährt.

Irgendwann im Laufe der Legislaturperiode wird bekannt, dass die Koalitionsverhandlungen fast gescheitert wären an Stuttgart 21, diesem dubiosen Milliardenprojekt. »Der Naive« nennt der »Spiegel« seine erste große Geschichte über den Aufsteiger aus dem Südwesten. Der Naive hatte tatsächlich mehr als nur einen Funken Hoffnung, die Sozialdemokraten mit Argumenten, mit Zahlen und Daten davon überzeugen zu können, dass der Tiefbahnhof nicht viel mehr ist als ein unsinniges Milliardengrab. Aber das postfaktische Zeitalter hatte begonnen, noch ehe es so hieß. Für die Entscheider in der SPD ging es ums Prestige und ums Rechtbehalten. Und um das Image der SPD als einer Partei, die im Interesse von Arbeitsplätzen Wert darauf legt, dass die Bagger rollen; wohin, wofür und zu welchem Preis, kann da auch weniger wichtig werden. Als die Roten sogar bei der Volksabstimmung auf der Seite der Sieger sind, beginnen Spitzengenossen vom

Start in eine neue Ära zu träumen und davon, die Grünen bei der nächsten Landtagswahl wieder hinter sich zu lassen. Nach fünf Jahren kommt es freilich ganz anders: Mit ihren desaströsen 12,7 Prozent trägt allein die SPD Verantwortung dafür, dass Grün-Rot eine Episode bleibt. Und zum dritten Mal seit Mitte der Siebzigerjahre geht sie als Verliererin aus der Regierungsarena.

Der harte Alltag, die fehlende Kompromissbereitschaft in der Koalition nach dem Motto: Nur ja den Grünen keine Erfolge gönnen, schmerzhafte persönliche Erfahrungen sind Kretschmann in die Glieder gefahren. Er lernt rasch, dass der berühmte Spruch von Papst Johannes XXIII. »Giovanni, nimm dich nicht so wichtig« nur eine einzige Leitplanke neben etlichen anderen ist, die ein Regierungschef in den Mühen der Ebene braucht. Als ihre eigene SPD-Fraktion nach nur eineinhalb Jahren über ihre glücklose und überforderte Kultusministerin Gabriele Warminski-Leitheußer den Daumen senkt – ein beispielloser Vorgang in der bundesrepublikanischen Geschichte –, stellt sie den Regierungschef einmal mehr vor vollendete Tatsachen. Einer, der besonders eifrig am Stuhl der Genossin gesägt hat, verrät den Grund: Der Ministerpräsident soll der Ablösung zustimmen und gar nicht erst auf die Idee kommen, an die spektakuläre Personalie »mit zwischenmenschlichen Maßstäben« heranzugehen. Das brachiale Vorgehen der Sozialdemokraten macht ihn so macht- wie fassungslos. Sein Respekt vor den Drahtziehern schmilzt wie Schnee in der Sonne. Die Ministerin muss gehen – und der Regierungschef drückt die Reset-Taste. Manchmal gibt es eben doch Dinge, die alternativlos sind.

Die früher so gepflegte Kunst der freien Rede ist bald aufs Mindestmaß eingeschränkt. Ständige Begleiterin wird jene schwarze Mappe aus Pappe, gut bestückt mit Infos zum Tagesablauf, zu den Geschenken, die er zu übergeben hat, zum Charakter der Gespräche, die er führt, mit Vermerken zur Thematik und vor allem mit den jeweiligen Reden. Der Schauspielerin Katrin Bauerfeind, die eine Serie dreht als Promi-Assistentin für einen Tag, klagt er sein Leid: »Da sagen Sie einen Halbsatz, und der wird dann skandalisiert.« Und wenn er einmal in der Welt ist, kann er nicht mehr eingefangen werden. Außerdem gibt es Menschen, die ihm wenig wohlgesonnen und darauf aus sind, ihn, den Naiven, auflaufen zulassen. Einen seiner ersten großen Auftritte absolviert der Ministerpräsident bei der Kraftfahrzeugüberwachern von der DEKRA in Stuttgart. Kretschmann investiert Zeit und Gehirnschmalz in eine Rede, die vermitteln soll, wie er sich das denkt mit den wenigeren Autos und der modernen Mobilität. Kaum hat er geendet, steht der Manager eines Zulieferers auf und behauptet, ihn nicht verstanden zu haben. Tagelang geht ihm das nicht aus dem Kopf, er sucht den Fehler bei sich selbst – bis der Groschen fällt und ihm klar wird, dass der Mann eigentlich nichts anderes wollte, als ihn einigermaßen schlecht aussehen zu lassen.

Wer ihn heute aus dem Fernsehen kennt, den bedächtigen Mann mit den grünen Krawatten, kann sich kaum vorstellen, dass der auch ganz anders konnte und manchmal noch heute kann. Winfried Kretschmann in Rage ist ein Erlebnis, das über die Jahrzehnte hinweg etliche tausend Delegierte auf grünen Parteitagen haben durften. Überschnappende Stimme, deftiges Vokabular, schiere Angriffslust, und am liebsten nicht etwa auf die politische Konkurrenz, sondern auf die in den eigenen Reihen, die sich zuschulden kommen lassen, was in seinen Augen eine politische Todsünde ist: mit Weltverbesserergestus Bürger vergraulen, Vorstöße nicht zu Ende denken, Wahlchancen vermasseln. Als Ministerpräsident sitzt er jetzt auf seinem Platz auf der Regierungsbank, erledigt oft Akten, wie alle seine Vorgänger, stützt, wenn er konzentriert zuhört, schon mal den Kopf in die Hand. Oder er verzieht das Gesicht. Oder er reißt die Augen auf, wenn die Vorwürfe ungeheuerlich werden. Die Tonlage im Landtag hat sich mit dem Machtwechsel und damit schon fünf Jahre vor dem Einzug der AfD ins Parlament gewaltig verändert. Aber der, der getroffen werden soll bis ins Mark, reagiert zuerst monatelang gar nicht und zahlt später niemals mit gleicher Münze heim. Irgendwann stehen die schärfsten Kritiker vor dem Paradoxon, dass auf diese Weise sie mit zu seinem Ansehen in der Bevölkerung beitragen, was überraschenderweise aber bei seinen Gegnern bis heute zu keiner Veränderung der Strategie führt.

»Winfriedos Kretschmannakis treibt unser Land in den Ruin«, prophezeit FDP-Fraktionschef Hans-Ulrich Rülke in der Haushaltsdebatte im Dezember 2012. Und wenn dann die Verschuldung biblische Ausmaße erreicht habe, gefalle sich der Ministerpräsident in der Rolle eines der vier Apokalyptischen Reiter aus der Offenbarung des Johannes, die Baden-Württemberg dem Untergang zuführen. Natürlich weiß Rülke, dass das nicht stimmt. Was die vielen Kritiker in CDU und FDP, die ähnliche, wenn auch selten derart aufgebrachte Töne anschlagen, nicht bedenken, ist, wie sie Multiplikatoren oder interessierte Bürger und Bürgerinnen animieren, genauer hinzusehen. Die machen sich selbst ein Bild von dem

Grünen und stellen fest, dass er ganz anders ist und niemals solche Keulen schwingt. Vielmehr kehrt er immer öfter den geduldigen Pädagogen heraus, der zum zigsten Mal erklärt, wie dieses oder jenes gehen kann. Und erwirbt sich damit nach und nach bei vielen im Land Vertrauen. »Des isch a rechter Kerle«, heißt das höchste Lob im Schwäbischen.

Vertrauen, sagt Kretschmann immer wieder, ist die wichtigste Ressource in der Politik, um überhaupt gestalten zu könne. Nicht, dass er nicht oft auf Misstrauen gestoßen wäre oder auf unverhohlene Gegnerschaft. Bei einer Veranstaltung in der Stuttgarter Liederhalle wollten ihn einige hundert Vertreter der Beamtenschaft im Land mit dem Gedröhn von Vuvuzelas am Reden hindern. Bürgermeister, Kreis- und Landräte von CDU, Freien Wählern und aus den Reihen der FDP machten Stimmung gegen ihn wegen des ersten Nationalparks im Land, den Grüne und Rote im westlichen Schwarzwald einrichten wollten. Totholz und freie Wildnis seien ihm wichtiger als die Menschen, heißt es monatelang, »großmannssüchtig« entscheide er über die Köpfe der Bevölkerung hinweg. Auf einschlägigen Internet-Seiten wird immer weiter polemisiert gegen ihn und den längst eröffneten und inzwischen sogar vor Ort überwiegend positiv bewerteten Nationalpark. Im Idealfall heißt Leben: hinzulernen. Als Kretschmann sich irgendwann 2014 mit einigen Ministern und grünen Anhängern im strömenden Regen wandernd vor Ort informieren lässt, kommt eine Wandergruppe aus Einheimischen auf ihn zu. Ein paar Minuten später ist die reservierte Stimmung gewichen. »Ich habe ohnehin nicht geglaubt«, verabschiedet sich eine Frau, »dass Sie so sind, wie alle bei uns sagen.«

Selbst Banalitäten, die an Horst Seehofer oder Hannelore Kraft, an Klaus Wowereit oder Malu Dreyer abperlen würden, muss er erklären, weil die Opposition immer weiter auf dem Skandalisierungstrip unterwegs ist. Er fliegt, weil der Terminkalender keine andere Möglichkeit eröffnet, von einer Rede vor dem Gemeindetag und 600 Bürgermeistern ganz in der Nähe des Stuttgarter Flughafens – ein Fernbleiben wäre ihm sicher scharf angekreidet worden – mit dem Hubschrauber zum nächsten Pflichttermin, nach Lübeck zur Ministerpräsidentenkonferenz. Seine noch vom Vorgänger übernommene Limousine kommt nach, übrigens mit der Gattin, die die Bahnfahrt streichen muss, damit der Wagen nicht leer fährt. Rauf und runter wird ihm der Flug vorgehalten, vorgerechnet, muss er sich verteidigen für 4000 Euro die Stunde im Helikopter. Argumente zählen wenig. Er beschließt, auf Flüge dieser Art zu verzichten, »weil der Ärger, den ich mir einhandele, in keinem Verhältnis steht«.

Je länger Kretschmann regiert, desto mehr spiegelt er sich in anderen Amtsinhabern: Er könne einfach nicht glauben, bekennt er einmal nach einer harten Woche im Landtag und in Berlin, dass in der Politik »so viele Leute herumrennen, die nichts wollen außer was zu werden«. Und mit dieser Sorte Egoismus kann er ohnehin nichts anfangen. Noch etwas, was seine harten Kritiker in der CDU, der FDP und inzwischen, nach dem Ende von Grün-Rot, auch wieder in der SPD nicht wahrhaben wollen: Kretschmann richtet, wenn überhaupt, seinen Blick nach oben, wenn er seinen Herrgott braucht, aber sicher nicht, um die nächste Stufe auf der Karriereleiter in Angriff zu nehmen. Wohin soll er denn? 63 war er schon bei der ersten Amtsübernahme. Andere sind 20 oder 30 Jahre jünger. Ihnen ist keineswegs von vorneherein zu verübeln, dass sie Ehrgeiz entwickeln, um höher zu steigen. Wenn die Balance aber nicht stimmt, kann der Fall tief – siehe Karl Theodor von und zu Guttenberg – oder der Abgang schmerzlich sein wie bei Friedrich Merz, der im Machtkampf mit der Kanzlerin unterlag. Selbst den Wechsel ins Schloss Bellevue hätte der Grüne zwar als reiz- und ehrenvoll empfunden, vor allem aber als Pflicht und Dienst und schon gar nicht als »luschdbetonte« Krönung.

Angekommen zu sein, statt weiter zu wollen: Da kann das Grübeln über Was-wäre-gewesen-wenn entfallen. Dazu würde die Suche nach Fehlern gehören, bekannte er irgendwann. Natürlich mache er Fehler. Die grün-rote Landesregierung hätte »umsichtiger starten müssen«, er selber härter bleiben in Sachen Sparen. An die Durchsetzung der Windkraft vor Ort hätte er anders herangehen müssen und die Flüchtlingspolitik mehr und besser vermitteln. Zu erklären gibt es immer etwas, weil so vieles missverstanden wird, oft unabsichtlich und oft mit Absicht. Er steht einfach in diesen ersten Jahren immerzu unter ganz besonderer Beobachtung. Kretschmann erinnert sich an eine Pressekonferenz zu den neuen Bildungsplänen, jenen Unterrichtsgrundlagen, die zur Reform anstanden im Südwesten, und deren Erarbeitung nun in die Ära Grün-Rot fiel. Schüler und Schülerinnen sollten künftig erzogen werden, Vielfalt zu verstehen und zu akzeptieren, worunter gar nicht zuletzt das Thema der sexuellen Orientierungen fiel: »Als ein Journalist fragte, ob jetzt Sado-Maso unterrichtet wird, habe ich gemerkt: Hoppla, da läuft was schief.« Das, was sich da festgesetzt hatte in den Köpfen von Bildungsplangegnern, war, wenn überhaupt, nur mühsam wieder wegzukriegen, wie der Vater von drei Kindern und inzwischen auch Großvater eines Enkels, feststellen musste.

Aber für Reue eigneten sich solche Themen alle nicht. Auch so ein Credo, das ihm weiterhilft: »Ich bereue, dass ich aufgehört habe, Posaune zu spielen, als ich mit dem Studium anfing, sonst nichts.« Über verschüttete Milch soll man nicht nachdenken, das zählt zu seinen Strategien, mit den Belastungen des Alltags zumindest etwas kräftesparender fertigzuwerden. Vieles hält er bewusst von sich fern. So wachsen Berater und Beratung in ihrer Bedeutung. Zwischenrufe aus Baden-Württemberg an den Bund tragen oft die Handschrift seines mächtigen Amtschefs Klaus-Peter Murawski, eines gestandenen Grünen mit FDP-Vergangenheit. Der Ministerpräsident wäre alleine sicher nicht auf die Idee gekommen, dass es im Prinzip egal ist, ob die Republik ihre Autobahnen ganz oder zu 51 Prozent besitzt. In der Steuerdebatte hat sich Kretschmann isoliert, selbst in Teilen des eigenen Realo-dominierten Landesverbands, weil er das Thema soziale Gerechtigkeit weitestgehend ausblendet. Die Zeitarbeiterin mit drei Jobs und zwei Kindern steht selten bis gar nicht im Fokus seiner Überlegungen. Wiewohl gerade Menschen wie sie der AfD im relativ reichen Baden-Württemberg auf Anhieb zu 15 Prozent mitverholfen haben könnten – in einem Land, das ohnehin anfällig ist für Parolen von Rechtsaußen. NPD und »Republikaner« hatten es schließlich ebenfalls bis ins Parlament geschafft.

Die Idee, aus den Grünen »die neue Wirtschaftspartei« zu machen, klingt ebenfalls mächtig FDP-nah. »Heimat, Hightech, Highspeed – das will ich für unser Land. Dafür arbeiten wir«, sagt der Ministerpräsident 2014 im Landtag als er in seiner Regierungserklärung die Digital-Strategie der Landesregierung vorgestellt. »Im Zentrum steht dabei die »Allianz 4.0 BW«, die das vorhandene Know-how aus dem Bereich Industrie 4.0 bündelt und zusammenführt«, führt er aus. »Heimat, Hightech, Highspeed«, eine windschnittige Losung, die ebenso gut von Lothar Späth und aus den Achtzigern stammen könnte. Bei seinem neuen Leib-und-Magenthema, der Digitalisierung, muss Kretschmann erst noch zeigen, dass er Arbeitnehmerinteressen nicht weniger ernst nehmen will als die der Arbeitgeber. »Ein Linker bin ich nicht«, ist einer seiner Standard-Sätze »und keiner, der sein Handeln an der vermuteten Zuschauerzustimmung ausrichtet.« Böse Zungen meinen, letzteres sei gar nicht nötig. Denn er wisse längst bestens, wie die Mittelständler im Land ticken, und lebe seinen Wahlspruch: »Gegen die Wirtschaft kann man ein Land wie Baden-Württemberg nicht erfolgreich regieren.« Noch eine Erkenntnis, die aus der Späthschen Werkstatt stammen könnte. Aber den und seinen Vorgänger Hans Filbinger wählten damals Millionen Vertreter der guten alten Arbeiterklasse.

Ein Licht aufgesetzt dazu, wie weit er den Weg schon gegangen ist in seiner pragmatischen Anpassung, hat dem Fußball-Fan seit Kindheitstagen einer, von dem das gar nicht zu erwarten war: Jogi Löw. Von dessen Auszeichnung mit dem Bambi für Integration, der vielen Spieler mit Migrationshintergrund in der erfolgreichen deutschen Nationalelf wegen, wird noch die Rede sein. Als Löw bei der Preisverleihung tief in die Kiste mit den Versatzstücken grüner Gesellschaftspolitik griff und pries, wie Vielfalt im Fußball nicht nur funktioniert, sondern geradezu eine Voraussetzung ist für den Erfolg ist, war Kretschmann, der Laudator, regelrecht verblüfft von einer Formulierung des Bundestrainers. In seiner Mannschaft, sagte Löw, auf der Deutschland draufstehe, sei Multikulti drin. Diesen Begriff habe er schon lange nicht mehr gehört, reagierte Kretschmann nachdenklich, »den verwenden ja selbst wir Grüne nicht mehr«.

– 5 –

Von linken Utopien und plebejischen Lesern

Plädoyer für Langsamkeit und Bedenkenträgerei

Als Winfried Kretschmann und seine Frau Gerlinde sich an einem Sommertag 2008 auf der »MS Orient Queen« einschiffen, liegen ein paar schöne Tage vor ihnen. Die Mittelmeerkreuzfahrt geht zu bedeutenden Stätten der Antike und der frühen Christenheit: ein Geschenk seiner Fraktion, noch ausgeklügelter als jener Schweißerkurs, den ihm die Kabinettskollegen fünf Jahre später als Geschenk präsentierten. Ein zusätzlicher Clou des Urlaubsvergnügens, das die religiösen Interessen des Chefs mit den Wurzeln seines politischen Denkens in der griechischen Polis kombiniert: Mit an Bord sind der Politpensionär Erwin Teufel und seine Frau Edeltraud. Auf dem Schiff ist Teufel als Vortragsredner engagiert, er spricht u. a. zum Thema »Politik aus christlicher Verantwortung«.

Einem Joschka Fischer, einer Renate Künast, einem Jürgen Trittin hätten die Grünen wohl keine Freude gemacht mit diesem Arrangement. Kretschmann ist anders. Ein Herr ist er, mit einer ordentlichen Portion Bonhomie und gutbürgerlichem Outfit. Nicht zuletzt deshalb wird er keine drei Jahre später Deutschlands erster grüner Regierungschef. Vor ihm braucht sich niemand zu fürchten, so wenig wie vor dem Bauernsohn Teufel, in dem ganz Deutschland den biederen Landesvater eines nicht viel glamouröseren Bundeslandes gesehen hatte. Zu ihm empfindet und hat Kretschmann durchaus eine gewisse Wahlverwandtschaft, ihn nennt er gerade im Wahlkampf 2016 immer wieder, als er seine Grünen auf den Weg schickt, die neue Baden-Württemberg-Partei zu werden. Der Jüngere ist zwar ein ziemlich anderes intellektuelles Kaliber als der Ältere. Aber nicht nur ihre Wohnorte Sigmaringen und Spaichingen liegen nicht weit auseinander. Auch das Katholische, die ländliche Herkunft, die Dickschädeligkeit, der Hang zum Zitieren von Geistesgrößen – das alles verbindet die beiden.

Und natürlich das Konservative. Dafür ist Kretschmann berühmt. Die allermeisten Grünen, prominente wie solche an der Basis, würden eine solche Etikettierung weit von sich weisen. Er hingegen umschreibt das Konservative gern als das Pflegen von Werten, »die schon immer durch die Zeiten hindurch galten«, und insofern, sagt er, sei er sogar »stockkonservativ«. Bei anderer Gelegenheit wird er freilich noch um einiges deutlicher: Dass es die Überflussgesellschaft der linksutopischen Weltentwürfe niemals geben wird, dass Utopisten regelmäßig in die Hölle führen statt ins Paradies und dass ökologische Politik ihrer Natur nach konservativ, mindestens aber zukunftsskeptisch zu sein hat. Die Grünen müssten in dem Sinne eine konservative Partei werden, dass sie »gegen alles Neue skeptisch und bedenkenträgerisch auftreten und auf Langsamkeit pochen«. Davon ist Kretschmann überzeugt. Selbst die leicht elitären Untertöne des Kulturpessimisten hat er nicht immer gescheut: »Gehört es nicht zu den grotesken Ironien der Geschichte«, schrieb er vor Jahr und Tag, »dass die Könige und Prinzessinnen von heute die Millionenheere plebejischer Leser von Klatsch-Illustrierten und Chips knabbernder Fernsehzuschauer unentwegt und gnadenlos unterhalten müssen?«

Knapp zwei Wochen nach der historischen Landtagswahl im März 2011 reist der Journalist Thomas Schmid nach Stuttgart, zum Interview mit seinem alten Freund Winfried. In den Siebzigerjahren war Schmid beim »Revolutionären Kampf« in Frankfurt, der wilden Lebensschule von Joschka Fischer und Daniel Cohn-Bendit. Dann ging er zu den Grünen. Später wurde er Chefredakteur und am Ende sogar Herausgeber ausgerechnet der »Welt«-Gruppe von Axel Cäsar Springers Witwe Friede. Vor 35 Jahren malochte Schmid eigens an den Werkbänken von Opel, um das Proletariat aufklärend aufzumischen, später sorgt er sich in neoliberalen Leitartikeln, dass nicht genug Ungleichheit in dieser Gesellschaft besteht, um Leistungsanreize zu bieten und die nötige Dynamik freizusetzen. Im neuesten Buch redet er einer Totalreform der EU das Wort, eine Art Gemeinschaft à la carte, in der alle Verständnis für alle haben müssen, selbst für Rechtspopulisten mit ihrer einseitigen Auslegung des Begriffs Solidarität.

Damals bei den Grünen hat Schmid zusammen mit Kretschmann die Ökolibertären gegründet, jene Gruppierung, die einige Weile bestand und einigen Einfluss besaß innerhalb der Realos. Protagonisten unter diesen wie Joschka Fischer und Otto Schily, Fritz Kuhn und Hubert Kleinert waren allerdings mehr machtpolitisch interessiert. Die Ökolibertären trieben gern politische Theorie und entwickelten reichlich schwärmerische Konzepte für die selbstbestimmte Entfaltung des Individuums in der Zivilgesellschaft, inklusive jene Staatsferne, die bei Liberalen zum guten Ton gehört. Nicht zuletzt sollten und wollten sie ein Gegengewicht bilden zu den Ökosozialisten in der Partei. »Wir wollten eine grüne Partei, die nicht links ist, sondern bürgerlich«, erinnert sich der Weggefährte, »wir hielten Schwarz-Grün für eine denkbare Option.« Kretschmann widerspricht nicht. Im Gegenteil, auch er beklagt »diese linken Anwandlungen« in der Partei, »die dem ökologischen Gedanken fremd sind«. Linke Ideen, meint er schon lange und heute mehr denn je, könnten die Grünen nicht tragen.

Obwohl längst nicht mehr so scharf und unerbittlich wie in den Anfangsjahren, ist der Flügelstreit nach wie vor eine Konstante. Ein kräftiges Lebenszeichen gibt es beim Bundesparteitag in Münster im Herbst 2016, als sich der wiedergewählte Regierungschef aus Stuttgart abmüht, den Delegierten seine wirtschaftsfreundlichen Positionen nahezubringen. Nicht ohne in die Kameras und Mikrophone »in aller Demut« zu sagen, dass die Südwest-Grünen zwei Wahlen gewonnen, andere dagegen verloren hätten. Den Saal rockt aber sein alter Widersacher Jürgen Trittin. »Eine Welt, in der 67 Milliardäre so viel besitzen wie die Hälfte der Menschheit, ist nicht meine Welt«, sagt der Linke. Und der rauschende Beifall des Parteitags zeigt, dass ihm diese Haltung mehr einleuchtet als die Sorgen, die sich Kretschmann um seinen heimischen Mittelstand macht, wenn es eine moderate Vermögenssteuer gibt.

Die Mehrheitsverhältnisse bei den Grünen sind traditionell nicht einfach einzuschätzen. Denn da ist diese oft schwer kalkulierbare Mitte, die sich aus den einschlägigen Debatten heraushält, aber mal da- und mal dorthin neigt, je nachdem wie die Flügel flattern. Deutlich seltener als früher werden scharfkantige Thesenpapiere produziert, weil viele Linke auf der Wegstrecke die Partei verlassen haben und weil ein strömungsübergreifender Pragmatismus sich vielfach bewährt hat: Es gibt viel weniger aufreibende interne Kräche als früher, dafür aber ziemlich viel Erfolg bei Wählerinnen und Wählern. Die Partei, so heißt es im neudeutschen Macherjargon, ist längst so breit aufgestellt, dass ihr eine maßvolle Konturlosigkeit bei Urnengängen ersichtlich nicht schadet, sondern nützt. Die Twitterer und die Schöpfungsbewahrer, die Naturfreunde und Großprojektgegner, Anhänger der »mit grünen Produkten schwarze Zahlen schreiben«-Strategie und Menschen, die die gute alte Tante SPD einfach nicht mehr sexy finden – es ist immer noch und wieder ein buntgemischtes Völkchen, das bei den Grünen eine Heimat findet.

Unterscheidbar bleiben die Strömungen dennoch. Lange Zeit am einfachsten erkennbar an der Antwort auf die Gretchenfrage: Wie hältst du's mit der Koalition? Für die Linke kam nur die SPD als Partner in Frage, aber seit 2008 in Hamburg hält sie sogar ein Zweckbündnis mit der CDU aus. Inzwischen und unter dem Druck der Rechtspopulisten sind früher undenkbare Konstellationen möglich und notwendig – mit Bodo Ramelow in Thüringen oder Thomas Strobl in Baden-Württemberg. Reste von Systemkritik aus grünen Gründerjahren gibt es immer noch. Zugleich wollen Realos nicht mehr nur in bürgerliche Schichten vorstoßen, sondern auch die Union bändigen. Denn gerade in einem Land wie Baden-Württemberg, in dem die NDP in den Sechziger und die Republikaner in den Neunzigerjahren im Parlament saßen, ist ungeklärt, wie viele vom rechten CDU-Flügel nach der AfD schielen – wenn sie nur dürfen dürften und könnten, anstatt mit den ungeliebten Grünen zu regieren.

Wer wissen will, warum der Mann aus Laiz selber nicht links sein und die Partei dort nicht sehen möchte, muss sich durch einen Berg biographischer Stationen graben, durch die Geschichte der Irrungen und Wirrungen bei den Grünen, durch philosophische und gesellschaftspolitische Gedankengänge. Die haben zu tun mit einem Verständnis vom Staat, bei dem Kretschmann sogleich das Bild vom »Füllhorn« einfällt, das die Menschen beglücken soll und doch nicht kann. Er schreibt lieber Sätze wie diesen: »Denn nur wo Mangel herrscht, kann es Freiheit geben.« Da ist es wieder, sein Mantra von den knappen Ressourcen, mit der tröstlichen Übersetzung »Not macht erfinderisch«. Sieht er da deutlich genug, dass zwar im Prinzip für alle genug da ist, manche aber entschieden zu kurz kommen? Und sind sie und ihre Kinder dann selbst schuld, oder ist da ein Staat aufgerufen, mit einem etwas anderen Freiheitsbegriff für mehr Freiheit vom Mangel zu sorgen? So hat der junge Winfried Kretschmann früher selber gedacht, in seiner radikal-egalitären Phase als Student, aber das ist sehr, sehr lange her.

Wie es dort aussieht, wo Konservative das Sagen haben, zeigen die Kleinstadt Sigmaringen und der Teilort Laiz, in dem die Kretschmanns wohnen. Das wirkt alles so proper, aufgeräumt und idyllisch, dass diese so wohl geordnet scheinende Welt als schier alternativlos empfunden werden muss: die hügelige Landschaft des Donautals, von Hartz IV keine öffentlich auffällige Spur, ebenso wenig von einer klassenbewussten Industriearbeiterschaft. Dabei war Kretschmann einmal ganz anders als Laiz. Das katholische Internat in Riedlingen auf der Schwäbischen Alb erlebt er als Albtraum, als Hort sinnloser Disziplinierung und Verhöhnung des christlichen Liebesgebots. Als langmähniger Abiturient, der für den Jahrgang 1968 die Abschiedsrede am Sigmaringer Gymnasium halten darf, reibt er den Lehrern die Defizite an gelebter Demokratie an dieser Anstalt unter die Nase – dies übrigens schon in jener geschliffenen Diktion, die die Lektüre späterer Kretschmann-Texte oft zum stilistischen Genuss macht. Seine stilistischen Fähigkeiten hatten ihm damals schon eine Auszeichnung der Literarischen Gesellschaft in Karlsruhe eingetragen, eine nach dem Dichter Joseph Victor von Scheffel benannte Trophäe für besonders begabte Deutsch-Abiturienten. Dennoch oder gerade deshalb fühlt sich der Direktor noch an Ort und Stelle zur Widerrede genötigt. Die Bundeswehr in Ingolstadt empfindet Kretschmann als ganz schlimm, als Regiment von Schleifern. Beim folgenden Studium in Stuttgart-Hohenheim gerät er mit seinen inzwischen ausgeprägten anti-autoritären Neigungen folgerichtig in die politisierten 68er Kreise. Von dort geht es weiter zu einer Truppe namens »Roter Pfeil« und schließlich zum maoistischen Kommunistischen Bund Westdeutschland (KBW). Zur Auflehnung gegen Unterdrückung und Schikane hatte sich ein radikales Gefühl für Gerechtigkeit gesellt, und der Sturz des Salvador

Allende durch CIA und die reaktionären Kräfte um Pinochet bestätigte den Blick auf die Welt.

Mitte der Siebzigerjahre flaute diese Phase ab. Kretschmann machte Examen, Freundin Gerlinde hielt seine politischen Umtriebe von Anfang an für großen Blödsinn und wurde mit der Tochter schwanger. Und Ralf Dahrendorf rammte dem angehenden Pädagogen einen Merksatz ins rebellische Hirn: »Ein Revolutionär in einer nichtrevolutionären Situation gerät leicht in Gefahr, sich lächerlich zu machen.« Es folgt der Wechsel in den Schuldienst, der um ein Haar am Einspruch des Kultusministers Mayer-Vorfelder gescheitert wäre – ganz im Sinne des von Willy Brandt verfügten Radikalenerlasses wollte er Kommunisten gleich welchen Strickmusters, also Verfassungsfeinde, nicht im Klassenzimmer sehen. Allerdings, bevor grünes Licht von oben kam, musste Kretschmann die Absolventen einer Kosmetikschule belehren und so eine Wartezeit überbrücken.

Ein Teil dessen, was nun kommt, beginnend mit dem Eintritt bei Baden-Württembergs Grünen anno 1979, will nicht so recht zu dem Bild passen, das von vielen Weggefährten unisono entworfen wird. Es zeichnet einen gedankentiefen und geradlinigen Mann, bei dem auch morgen noch gilt, was er gestern dachte. Die historische Wahrheit ist in diesem Punkt eine etwas andere. Was Kretschmann in drei Jahrzehnten alles über CDU und SPD gesagt hat und darüber, mit wem, wozu und unter welchen Bedingungen die Grünen mit einer dieser beiden Parteien regieren sollten, das macht staunen: Schillernd sind diese Äußerungen, vielfältig, widersprüchlich. Einige wenige Kostproben sollen die lange und kurvenreiche Wanderung nachzeichnen.

1982 wirbt er in einem ausführlichen Aufsatz für ein Bündnis mit der SPD, betont die großen Übereinstimmungen ausgerechnet in der Sozialpolitik und hält ein Bündnis mit der Union für »auf absehbare Zeit kaum möglich«. Schon ein Jahr später wird diese Position durch ökolibertäre Überlegungen aufgeweicht, wie Thomas Schmids Interview zeigt. 1986 will Kretschmann gesellschaftliche »Mehrheiten quer zu den überkommenen Lagern« suchen und preist die Mitte als den »Ort, wo man sich am besten bewegen kann«. 1992 bekennt er sich zur Koalitionsaussage zugunsten der SPD oder einer »Ampel-Koalition« mit SPD und FDP und fügt hinzu: »Ich bin kein Anhänger von Schwarz-Grün in diesem Land.« 1999 findet er es »bitter notwendig, dass es irgendwo zu einer schwarz-grünen Koalition kommt«, um ein Jahr darauf in der »Welt« einen Aufsatz darüber zu publizieren, »warum die Republik die CDU braucht«. 2002 wiederum bezeichnet Kretschmann schwarz-grüne Spekulationen als »Spielwiese«, solange die Union ökologisch derart blind bleibe. »Entspannter debattieren« möchte er das schwarz-grüne Thema aber vier Jahre später, und 2008 meint er, für Baden-Württemberg wäre das von Stefan Mappus torpedierte schwarz-grüne Modell »sicher ein Gewinn gewesen«. Als er sich Ärger einhandelt mit der Bemerkung, als einzige Parteien beschäftigten sich CDU und Grüne mit der Gegenwart, da rudert er umgehend zurück: »Wir sind die Antithese zur These CDU. Ob es jemals eine Synthese gibt, wird sich zeigen.« Und 2010 sagt er auf die Frage nach einer Koalition mit der SPD: »Ich mag diese Sandkastenspiele nicht.« Die Grünen seien offen für alles. Vier Monate vor der Landtagswahl 2011 hält er es für »an der Zeit, dass die Schwarzen endlich in der Opposition landen«. Und nach dem Machtwechsel, als der grün-rote Wechsel Fahrt aufgenommen hat, häutet er sich regelrecht: Er habe sich »immer ernsthaft mit Schwarz-Grün befasst, weil ich wollte, dass das Ökologische über eine wirtschaftsnahe Partei wie die CDU ins Zentrum unserer Wirtschaft transportiert wird.« Jetzt, als Regierungschef, erlebe er aber, dass große Teile der Wirtschaft in diesem Zusammenhang weiter sind als die ziemlich orientierungslos erscheinende CDU, die kaum in der Lage sei, Neuland zu betreten.

Es muss etwas Mächtiges sein, das selbst einen wie Kretschmann auf einen solchen Schlingerkurs zu locken vermag. Wahrscheinlich ist das Mächtige die Macht. Bekanntlich scheuen Politiker dieses Wort wie der Teufel das Weihwasser. Sie ersetzen es gern durch Begriffe wie Gestaltungsmöglichkeit und Verantwortung. Wer aber in die glücklichen Gesichter von Menschen schaut, die soeben zu Partei- oder Regierungschefs gewählt wurden, ahnt, dass dieses Strahlen von etwas anderem kommen muss als aus der Genugtuung, nun endlich mit ganzer Kraft selbstlos dienen zu dürfen. Es hat etwas zu tun mit dem Ego. Der Tag eines solchen Sieges ist ein sauguter Tag für das Selbstwertgefühl.

Wenn einer, dann ist aber Winfried Kretschmann, ohne frei davon zu sein, jedenfalls relativ weit weg von solchen Empfindungen. Schon deshalb, weil er im Erfolg immer auch Gabe und Geschenk von ganz oben zu sehen meint. Außerdem verfolgt er benennbare Ziele, im Gegensatz zu manchen Politikern, die gar keine Idee davon besitzen, was sie mit der hart erkämpften Macht nun eigentlich anfangen sollen. Es sind sehr handfeste darunter wie der ökologische Umbau des Energieversorgers EnBW oder die Anhebung der Grunderwerbsteuer zum Abbremsen der Verschuldung. Ebenso etwas abgehoben wirkende wie der Vorsatz, die Zivilgesellschaft voranzubringen nach Kretschmanns Motto »Demokratie ist eine Form vereinbarter Selbstregierung«.

Wie wenig der Opernfreund auf Macht aus ist – dabei geht es doch gerade in der Oper immerzu um die Macht des Schicksals und der Liebe, um eine andere, »höhere« Macht freilich –, das zeigen 2011 die Koalitionsverhandlungen mit den Sozialdemokraten. Öffentlich spricht der designierte Ministerpräsident von schon gemachten Fehlern, von der Quadratur des Kreises, vor der man stehe, von Stolpersteinen. Übliches Politmarketing hört sich anders an. Zudem werden täglich neue Probleme sichtbar: dünne Personaldecken bei den künftigen Koalitionsparteien, Ängste vor Widerstand in den Ministerien, Anzeichen dafür, wie schlecht Grüne und Rote auf diese Regierung vorbereitet sind, obwohl der Sieg seit über einem halben Jahr als immerhin denkbar einkalkuliert werden musste. Jedenfalls gerät dieses grün-rote Koalitionsschiff schon in schwere See, noch ehe es ausgelaufen ist. Obendrein gibt es bei der SPD Abgeordnete, denen zugetraut wird, Kretschmann bei der Wahl am 12. Mai ihre Stimme wegen Stuttgart 21 zu versagen. Fiele er durch, wäre das der grün-rote GAU. Ein Lothar Späth, selbst ein Erwin Teufel ließe sich in dieser Lage etwas einfallen, irgendetwas aus dem Instrumentenkasten der Machtpolitik. Nicht so Kretschmann. Der setzt auf Dialog, auf Überzeugung, auf geduldiges Räsonieren, ein einziges Mal ist er laut geworden. Und ansonsten scheint er zu meinen: Es kommt eh, wie's kommen muss.

Nach 2011 wurde in der grünen Bundespartei über Baden-Württemberg diskutiert und darüber, was der Sieg dort zu bedeuten habe. Natürlich unter dem Aspekt künftiger Macht. Wieso haben wir da unten jeden vierten Wähler für uns gewonnen? Die linke Version: Weil die CDU dort das Feindbild war, vorrangig wegen Stuttgart 21, wegen Atomkraft und dank diesem rabiaten Stefan Mappus. Die der Realos: Weil die Grünen und an ihrer Spitze Kretschmann so konservativ auftraten, dass sie CDU-Sympathisanten zu sich herüberziehen konnten. Als Beleg dient da unter anderem Oberschwaben, eine katholisch-ländliche Region, ähnlich wie die Heimat von Kretschmann und Teufel also, wo Grüne erstaunliche Wahlergebnisse erzielen. Dass fulminante Erfolge in klassischen Universitätsstädten hinzukommen, von der Metropole Stuttgart ganz zu schweigen, das lässt erst recht grüne Blütenträume reifen. Die Vision von einer grünen Volkspartei macht die Runde und setzt sich in den Köpfen fest. Ein paar Leute erinnern sich an eine 35 Jahre alte Prophetie, wonach so, wie die Sozialdemokratie aus der Industrialisierung hervorging und Massenbewegung wurde, die Grünen dem Zeitalter der Ökokrisen und Energiewenden entsteigen könnten als große neue Kraft. Im Südwesten ist – nach dieser Leseart – der Anfang gemacht.

– 6 –

Von Mao zur Mitte

Niederlagen und Triumphe auf einem langen Marsch

Heutige Zeitgenossen können sich schwerlich eine nur einigermaßen zutreffende Vorstellung vom Verlauf vieler grüner Parteitage in den ersten zwei Jahrzehnten nach der Gründung anno 1980 in Karlsruhe machen. Wären sie Augen- und Ohrenzeugen der erbarmungslosen Schlachten gewesen, die dort geschlagen wurden – die allermeisten Menschen hätten wohl spornstreichs das Weite gesucht und den Streithähnen sowohl die gute Kinderstube rundheraus abgesprochen als auch jegliche politische Zukunft.

Die internen Feindseligkeiten hatten objektive Ursachen. Deren wichtigste lag in dem schlichten Umstand, dass die politisch und weltanschaulich unterschiedlichsten Gruppierungen die neue Partei für ihre je eigenen Zwecke zu instrumentalisieren versuchten. Das Spektrum der Anhänger dieser »Wirtstier-Strategie« reichte von rechtskonservativ bis linksaußen, also von seltsamen Hohepriestern der heimischen Scholle über Naturliebhaber und Anarchos bis hin zu Vertretern sogenannter »Bunter Listen«, zu Ökosozialisten und nicht zuletzt zu Kommunisten. Dazwischen tummelten sich Anthroposophen und Wanderfreunde, Natur- und Tierschützer, Friedensaktivisten und frühere Sozialdemokraten, die von der SPD des Bundeskanzlers Helmut Schmidt, der Atomkraftwerke befürwortete und die sogenannte Nachrüstung, hinreichend enttäuscht oder gar abgestoßen waren. Hinzu gesellten sich ferner entschlossene Feministinnen und so genannte »Basisdemokraten«, die das wesentliche Erbe der 1968er-Bewegung in diversen Rätemodellen sahen. Viele von ihnen waren auf die seltsame Idee verfallen, bei einer Partei mitzumachen, die zwar bei Wahlen antreten und im Erfolgsfall auch in die Parlamente einziehen, dort aber lediglich als verlängerter Arm und Lautsprecher jener außer- und nicht selten antiparlamentarischen Kräfte agieren sollte. Am ehesten ernst zu nehmen – und im Längsschnitt der Parteigeschichte die zähesten und erfolgreichsten – waren jene, die unter dem Eindruck der Warnungen des »Club of Rome« vor den Folgen einer ungezügelten weltweiten Wachstumsökonomie standen. Dessen pessimistischer Bericht »Die Grenzen des Wachstums« war zu einem Bestseller und Gegenstand zahlreicher, meist beifälliger Betrachtungen in Zeitungsspalten und auf einschlägigen Kongressen geworden. Nicht zu vergessen ist auch Herbert Gruhl, ein abtrünniger Bundestagsabgeordneter aus Helmut Kohls CDU, dessen Buch »Ein Planet wird geplündert« einer großen Leserschaft die Augen für das Zukunftsprojekt Ökologie geöffnet hatte.

Eine gewisse Spannbreite der Interessen und Positionen war und ist ja bei bundesrepublikanischen Parteien nicht unüblich. Robuste Vertreter von Kapitalinteressen und Fürsprecher von Arbeitnehmern wohnen traditionell leidlich friedlich unterm weiten Dach der Union, von der bayerischen Schwesterpartei ganz zu schweigen. Bei der SPD ist die Parteilinke seit jeher an Streit und Kompromiss mit den rechten »Seeheimern« gewöhnt, die früher »Kanalarbeiter« hießen, und mit der Generation der mitte- wie karriereverliebten Netzwerker.

Die Grünen allerdings trieben es in den Anfangsjahren entschieden zu weit mit der Vielfalt. Für die Öffentlichkeit und die Medien sichtbaren Ausdruck fanden die internen Spannungen und unüberwindbaren Konflikte, die Intrigen und Machtkämpfe regelmäßig auf den sogenannten Bundes- beziehungsweise Landesdelegiertenkonferenzen. Der Begriff »Parteitag« wurde gescheut, schließlich hatte zusammen mit Petra Kelly eine beachtliche Fraktion die Parole ausgegeben, es handle sich bei den Grünen um eine Anti-Parteien-Partei. Solche Veranstaltungen waren ein überaus lebendiger, teilweise aber auch schockierender Anschauungsunterricht für den Versuch der Bezwingung des jeweiligen Gegners mit nahezu sämtlichen Mitteln diesseits der Grenze zu physischer Gewalt. Schreiduelle, ganze Salven von Geschäftsordnungsanträgen oder Forderungen nach erneuter Abstimmung, manipulierte Rednerlisten und Auszählungen, chaotisches Durcheinander beim Tagungspräsidium, zielgerichtete Verwicklung des oft heillos überforderten Delegiertenvolks in einen Wust von Zusatz-und Änderungsanträgen sowie konsequentes Ignorieren präsidialer Ermahnungen nach abgelaufener Redezeit waren an der Tagesordnung. Die Grenzen zur Selbstzerfleischung wurden bisweilen überschritten. Fritz Kuhn, später Motor und Hirn der Realos und noch später Stuttgarter Oberbürgermeister, sprach im Rückblick einmal von Umgangsformen, »denen man sich nur unter Umgehung der Tierschutzgesetzgebung für längere Zeit« habe aussetzen können. Viele Grüne der ersten Jahre empfanden diese Sorte Streitkultur dann auch als allzu schmerzhaft und traten aus.

Exemplarisch verlief der Gründungskongress der Bundespartei im Januar 1980 in Karlsruhe: eine exaltierte Veranstaltung, bei der Linksextremisten und K-Gruppen vor allem aus Hamburg und Berlin mit allen Tricks und Drückermethoden das Recht durchsetzten, sowohl Mitglied bei den Grünen zu sein als auch in ihren eigenen, sektenähnlichen Parteien. Die Energien, die die einzelnen Gruppen und Grüppchen damals in das spannungsreiche Kraftfeld in der Karlsruher Stadthalle mitbrachten, waren enorm. Die fast tausend Delegierten aus dem ganzen Bundesgebiet mitsamt dem permanenten Auf und Ab des Erregungspegels dieser beiden Tage schufen eine selbst für abgebrühte journalistische Beobachter außergewöhnliche Atmosphäre. Allerdings läuteten nachher die meisten Vertreter sogar des linksliberalen Medienspektrums, die durchaus für grüne Grundgedanken wie Kritik am Wachstumsfetischismus, an Atomkraft oder manchen Erstarrungen des Politikbetriebs aufgeschlossen waren, nach diesen Zumutungen der neuen Partei das Totenglöcklein, noch ehe sie den Kreißsaal verlassen hatte. Ganz abgesehen davon, dass sie auf längere Frist der SPD zutrauten, doch noch solche gewichtigen Themen aufzunehmen – die Verblüffung war groß, als sie beobachteten, wie die Grünen hingebungsvoll Nabelschau betrieben mit ihren Debatten darüber, ob jemand zugleich ein Parteiamt haben und Abgeordneter sein dürfe, wie schnell ein Abgeordneter wieder aus dem Parlament hinaus rotieren müsse und dass ein Parteivorsitzender, wenn überhaupt, möglichst wenig Geld für seine Arbeit bekommen solle. Mit alldem sollte verhindert werden, so die grüne Theorie, dass grüne Berufspolitiker wie die der anderen Parteien ihren Eigennutz verfolgen. Kritisch ließe sich sagen, dass da unabhängig von aller Theorie ganz schlicht eine Menge Neid und destruktive Missgunst im Spiele waren.

Nach Karlsruhe schrieb jedenfalls Robert Leicht in der »Süddeutschen Zeitung« von einem »Scherbenhaufen«. Sein Fazit: »Diese Partei kann nicht zur Reform, sie kann nur ins Abseits führen.« In der »Zeit« stimmte Horst Bieber ein: »Karlsruhe hat die Untauglichkeit und Unverantwortlichkeit der grünen Bewegung bewiesen.« Und im »Spiegel« wusste DDR-Autor Rolf Schneider: »Die Grünen wird das Schicksal aller vierten und fünften Parteien ereilen, deren es in der Bundesrepublik schon etliche gab: mit kleiner Klimax, ein paar Parlamentariern und baldigem Ende. Leider wird dieser Untergang auch das allgemeine Problembewusstsein für Umweltfragen beschädigen, vermutlich irreversibel.«

An vielen Auseinandersetzungen jener Zeit war Winfried Kretschmann intensiv beteiligt. Sein Motiv, die Partei mitzubegründen, hatte gelautet: »Aus Liebe zur Natur.« Damit stand er nicht im Zentrum, sondern von Anfang an eher am Rande der Grünen. Das ist wohl auch eine Erklärung dafür, warum er mit abweichenden Positionen bis heute aushält, oder Abweichendes sogar offensiv formuliert – siehe die immer neuen Volten der Steuerdebatte in den vergangenen Jahren.

Und entgegen einer verbreiteten, aber falschen Geschichtsschreibung war der Landesverband Baden-Württemberg anfangs keineswegs eine Ansammlung eher braver Realisten mit maßvollen Ansichten über den Veränderungsbedarf der bundesdeutschen Gesellschaft. Eines der eklatantesten Beispiele lieferte der November 1983, als sich die Südwest-Grünen, immerhin schon vier Jahre nach ihrer Gründung, in Konstanz versammelten, wo anno 1415 die römische Kirche durch das Votum ihrer Bischöfe den tschechischen Kirchenreformer Johannes Hus als Ketzer gebrandmarkt und, weil er sich den geistlichen Herren nicht unterwerfen wollte, dem Scheiterhaufen übergeben hatte. Natürlich würde der geschichtsbewusste Kretschmann niemals Parallelen zwischen seinem und dessen Schicksal ziehen; dennoch kam ihm der Gedanke an Hus wohl nicht nur einmal.

Mittlerweile war er Sprecher der sechsköpfigen Grünen-Gruppe im Stuttgarter Landtag geworden und zugleich als Zugpferd für die in vier Monaten anstehende Landtagswahl auserkoren. Statt ihm aber Rückendeckung zu geben, wie das so kurz vor einem Urnengang bei anderen Parteien üblich war und heute längst auch bei den Grünen Brauch ist, stürzten sich viele der über 300 Delegierten in eine regelrechte Bataille mit dem ungeliebten, aber prinzipienfesten Pragmatiker, der später das Etikett eines »Super-Realo« verpasst bekommen sollte. Es begann damit, dass die Sprecherin des Landesvorstands Lothar Späths CDU-Regierung als »Helfershelfer des Atomkriegs« geißelte und speziell Kultusminister Gerhard Mayer-Vorfelder vorwarf, er betreibe in den Schulen so etwas wie »ideologische Kriegsvorbereitung«. Mayer-Vorfelder, rotes Tuch für unzählige Linke und Liberale hierzulande, rühmte Kretschmann fortan dafür, dass der ihn sogleich »allerheftigst« gegen solche Unterstellungen in Schutz nahm. Das damalige Auditorium allerdings belohnte den Dissidenten mit einem gellenden Pfeifkonzert.

Vollends tumultuarisch wurde es bei der Beratung des Antrags, ein der Vergewaltigung bezichtigter Mann müsse nicht überführt werden, sondern selbst seine Unschuld belegen. Gegen diese rechtliches Denken verhöhnende Beweislastumkehr musste Kretschmann umso leidenschaftlicher opponieren, als kurzerhand allen Männern »das Recht« abgesprochen wurde, »über solche Fragen zu urteilen«; auch dies eine erstaunliche Abkehr von tragenden Grundsätzen zivilisierter Juristerei. Dass der stimmgewaltige Stuttgarter Rechtsanwalt und Landtagskandidat Rezzo Schlauch dem erregten Kretschmann beisprang, stachelte die »feministischen Wühlmäuse«, wie sich die Antragstellerinnen selber nannten, erst recht an. Sie erstürmten die Bühne, skandierten »Auf die Dauer / hilft nur Frauenpower« und äußerten schließlich in einer »persönlichen Erklärung« – ein überaus beliebtes Kampfinstrument – ihr Bedauern, dass man die Macht nicht habe, Kretschmann »weniger exponierte Aufgaben« zu übertragen, im Klartext: ihn als Gruppensprecher im Landtag abzusetzen.

Außenseiter ist Kretschmann freilich auch dort. Im März 1981, fast auf den Tag genau drei Jahrzehnte vor dem Wahlsieg, der ihn in die Villa Reitzenstein befördern wird (der Gedanke daran hätte seinerzeit im Hohen Hause einerseits interfraktionelles Entsetzen bewirkt, andererseits Lachstürme hervorgerufen), debattiert der Landtag anlässlich von Hausbesetzungen über das Thema Gewalt. Mit Kretschmann spricht ein Unangepasster, der seinen Zuhörern mit Offenheit, Entschiedenheit und Humor ins Gewissen redet. Jedoch sind die Ohren, denen er predigt, so gut wie taub. Für die meisten Abgeordneten der anderen Parteien, speziell die der CDU, sind er und seine fünf grünen Kollegen eher lästige Eintagsfliegen und Sendboten einer fremden Welt. Zur Veranschaulichung einige Auszüge aus dem Landtagsprotokoll:

K.: »Es hört doch niemand auf einen: das weiß ich aus meiner Studentenzeit, wo ich Politik gemacht habe. Erst wenn man mal ein Ei oder einen Farbbeutel auf einen Professor wirft – siehe, auf einmal ist die Presse da. (Zurufe von der CDU) Ich habe niemals ein Ei auf einen Professor geschmissen, schon gar nicht einen Farbbeutel. Das hätte ich mir nicht erlaubt. Dazu bin ich zu gut erzogen (…) Wenn Grundrechte in ihrer Substanz gefährdet werden, dann sind auch wir zu Regelverletzungen bereit. Wir tun es auch deshalb, um den Draht zur Jugend nicht abzuschneiden. Ich sage Ihnen ganz ehrlich: Auch für mich wird es schwieriger, mit bestimmten Teilen der Jugend ins Gespräch zu kommen. (Abgeordneter Leicht, CDU: Hoffentlich!) Und ich muss mir sagen lassen: Du hockst deinen Hintern im Parlament breit, schiebst acht Riesen ein und führst hier die große Lippe! (Heiterkeit bei FDP und CDU) Glauben Sie bloß nicht, dass wir es leicht haben. Glauben Sie bloß nicht, dass meine Kollegen einfach so geschwind nach Brokdorf gefahren sind. Und wir hatten auch selber Angst. Wir stehen in solchen Auseinandersetzungen im Feuer, kriegen Knüppel von oben und von unten – (Zuruf von der CDU: Recht so! Abgeordneter Leicht: Wären Sie zu Hause geblieben!) und versuchen, unser Bestes zu geben. Und Sie stehen dann hier hin und halten schwülstige Reden über den

Rechtsstaat (…) Wir sind eine radikale Partei. Wir sind der Ansicht, dass man eine Politik machen muss, die die Probleme an der Wurzel löst und die nicht versucht, sie an den Symptomen zu lösen und gar noch mit Gewalt. Dann kommen wir weiter und dann kommen wir mit der Jugend ins Gespräch.«

Konstanz, zweieinhalb Jahre danach, wurde zum prägenden Erlebnis für Kretschmann. Selbst ohne den Auftritt der Frauen, hatte er vor Medienvertretern bekannt, »steht mir der Laden bis da oben hin«. Er sei demontiert worden, erkenne sich in den verabschiedeten Programmtexten nicht wieder und stehe nun vor der Alternative, entweder zurückzutreten oder nach der Devise »der Parteitag beschließt und wir machen die Politik« zu verfahren. Im Rückblick bekennt er, dass ihm damals mehrfach der Gedanke kam, die Partei zu verlassen. Er hatte sogar schon den eigenen Marktwert bei SPD und CDU getestet. Er bleibt, wiewohl ihm das rein instrumentelle, fast zynische zu nennende Verhältnis vieler Grüner zum Parlamentarismus bitter aufstieß. Ein Streitgespräch mit der Berliner »taz« ein halbes Jahr nach Konstanz bringt die Gegensätze zwischen dem überzeugten Reformpolitiker und einem fundamental anderen Parlamentarismusbegriff so unverstellt auf den Punkt, dass es nachgerade als Dokument der Zeitgeschichte gelten kann. Und es zeigt die Spannweite der Positionen, die einer wie Kretschmann vertrat:

»taz: Die Kandidatur der Grünen resultierte doch aus der Überlegung, dass man den außerparlamentarischen Weg allein für nicht erfolgversprechend ansah und die Repräsentanz im Parlament eben auch zur Stärkung dieser außerparlamentarischen Bewegung nutzen wollte. Also zur Propagierung von politischen Vorstellungen.

K.: Das lehne ich ab. Da liegt einfach eine Differenz vor. Ich lehne es ab, das Parlament als Tribüne zu benutzen. Ich hab kein so denunziatorisches Verhältnis dazu. Wenn ich dort reingehe, arbeite ich dort ernsthaft mit, und das heißt, ich akzeptiere im Prinzip die Regeln. Soweit ich das nicht tue, kritisiere ich sie und mache andere Vorschläge dazu. Mein Politikverständnis ist evolutionär. Ich akzeptiere die Verhältnisse so, wie sie sind, ich begebe mich hinein und baue daran weiter. Ich hab nicht das neue Modell, die Alternativen, die große –

taz: Das neue Modell fehlt dir nicht nur, sondern du hast jegliches Bemühen darum aufgegeben (...). Wann ist denn für dich die Unterwerfung unter dieses parlamentarische Ritual beendet, wo ist die Grenze?

K.: Das ist doch kein Ritual. Das sind doch Suggestivfragen, die du hier stellst.

taz: Das Ritual der Fensterreden zum Beispiel.

K.: Das brauchen wir doch nicht machen. Es zwingt uns doch niemand dazu. Wir haben uns bemüht, keine Fensterreden zu halten. Hier wird dem Parlamentarismus was in die Schuhe geschoben, was ausschließlich an unserer Fünf-Prozent-Repräsentanz dort hängt. Niemand zwingt dich dazu, dich dort wie ein abgefuckter Sack zu benehmen.

taz: Was du zum Parlamentarismus gesagt hast, führt mich zu folgender These: Es konnte dem parlamentarischen System gar nichts Besseres passieren, als Politiker deiner Couleur in die Parlamente zu bekommen. Ihr seid die innovative Kraft dieses Systems, die frische Blutzufuhr, an der es gemangelt hat. Was in deinem Konzept allerdings nicht mehr vorhanden ist, ist die Vorstellung von Wählern, die mit ihrer Stimme jene bis ins Parlament befördern, die für etwas Sand im Getriebe sorgen. Das Gegenteil scheint mir der Fall. Du bist das Öl, das die Maschine am Laufen erhält.

K.: Nee, wir wollen weder Sand noch Öl dort reingießen, sondern ein anderes Getriebe.«

Der letzte Halbsatz dürfte Kretschmann misslungen sein – zweifelsfrei wollte und will er kein anderes Getriebe, sondern dass das Getriebe andere, aus seiner Sicht bessere Ergebnisse produziert. Jedenfalls gab er am Tag nach dem Showdown in Konstanz bekannt, dass er zur Landtagswahl nicht antreten werde: »Ich habe die Kraft nicht mehr, noch mal vier Jahre solche starken Konflikte durchzustehen, ich bin zerschlissen.«

Noch im Abgang attackierte er freilich seine beiden Hauptgegner, den Tübinger Ali Schmeißner und den Karlsruher Uli Tost. Sie, rhetorisch gleichwertig und beseelt von einem klaren systemkritischen und antikapitalistischen Ansatz, verfügten damals über einen beträchtlichen Anhang unter den Grünen in Baden-Württemberg. Einige Jahre danach verließen sie die Partei, noch vor bundesweit bekannt gewordenen Größen des Fundi-Flügels wie Jutta Ditfurth oder Rainer Trampert. Schmeißner als tragische Figur – er hatte Gelder des Tübinger Studentenwerks in Spielcasinos zweckentfremdet –, Trost als Repräsentant einer dezidiert linken Strömung, der im Kräftemessen mit den Realos um Fritz Kuhn und Rezzo Schlauch die Felle allmählich davongeschwommen waren. Ihr späteres Scheitern nahm Kretschmann, als er für diesmal das Handtuch warf, vorweg: »Ich bin zu einem Feindbild geworden, an dem sich mancher hochziehen konnte, der sonst in dieser Partei keinen Fuß mehr auf dem Boden hätte.«

Der Versammlung von Konstanz war im Übrigen ein Ereignis vorangegangen, das bundesweit in der Partei und der Öffentlichkeit für Aufregung gesorgt und bei dem Kretschmann als Kommentator von außen Öl ins Feuer gegossen hatte – wofür er von allen Seiten mächtig Prügel bezog. Frank Schwalba-Hoth, Landtagsabgeordneter in Wiesbaden und linksorientiert wie die damalige Mehrheit der hessischen Grünen, hatte sich Anfang August 1983 bei einem Empfang für die 50 Kommandeure der in Hessen stationierten US-Streitkräfte auf den amerikanischen General Paul S. Williams gestürzt und ihn mit Blut bespritzt, eine Aktion, mit der er gegen die Politik der USA in Nicaragua protestieren wollte. Während weite Teile der Grünen die Tat als symbolische Zeichensetzung gegen US-amerikanischen Imperialismus und Kolonialismus verstanden und billigten, war für Kretschmann hier die Grenze des Zulässigen weit überschritten: eine »nicht zu überbietende Geschmacklosigkeit« und eine »Pathetik, die nicht hingenommen werden darf«, im Kern jedenfalls eine schwere Verletzung der Menschenwürde. Sollten sich die Grünen davon nicht distanzieren, müsse er überlegen, »ob ich noch in diese Partei gehöre«. Das Echo zeigte deutlich, wie randständig seine Position war. Tadel kam vom Bundeshauptausschuss der Grünen, immerhin höchstes Beschlussorgan zwischen den Bundesdelegiertenkonferenzen, vom Bundesvorstand, der Erschütterung darüber äußerte, dass Teile der Friedensbewegung sich von Schwalba-Hoths Aktion absetzten, von einer ganzen Riege namhafter Vertreter des ökosozialistischen und pazifistischen Flügels. Torsten Lange, zuvor kurzzeitig Sprecher des Landesvorstands in Stuttgart, teilte Kretschmann mit, er sei in Sachen Parteimitgliedschaft ausnahmsweise mit ihm einig. Sein Austritt komme »je schneller, je besser«. Schließlich hätten Menschen wie Williams »das Blut von ermordeten Vietnamesen als Orden auf ihrer Brust kleben«.

Eine mittlere Position nahm Joschka Fischer ein, damals parlamentarischer Geschäftsführer der Grünen-Bundestagsfraktion: Man solle, sagte er, einerseits »das staatstragende Krokodilsgeweine« über die Blutspritzer auf einer Generalsuniform nicht überbewerten. Andererseits gehe die Glaubwürdigkeit der Grünen »schon mit Kleinigkeiten« verloren, wenn die politischen und moralischen Grenzen des gewaltfreien Widerstandes nicht sehr sorgfältig diskutiert würden. Der eigene Landesvorstand warf ihm daraufhin vor, er habe Teile der Partei ausgegrenzt und deren Spaltung herbeigeredet.

Unzweifelhaft waren hier, in den Anfangsjahren einer Partei, die sich ganz überwiegend dem Pazifismus verschrieben und gegenüber den USA eine vor allem aus den Zeiten des Vietnamkriegs herrührende eindeutig kritische Position bezogen hatte, Grundfragen berührt. Dazu zählten das Thema Krieg und Frieden und das Prinzip der Gewaltfreiheit, das die Grünen der Anfangsjahre sogar ins emblematische Quartett ihrer Leitlinien aufgenommen hatten: »Basisdemokratisch – ökologisch – sozial – gewaltfrei«. Für Kretschmann fiel das unbeschränkt pazifistische Bekenntnis unter die Kategorie der Lebenslügen der Partei. Ein grundsätzlicher Verzicht auf den Einsatz militärischer Mittel schien ihm schon im Rückblick auf die Befreiung Nazi-Deutschlands durch die Alliierten eine unredliche Forderung. Die Wortwahl, mit der er öffentlich seinen Standpunkt klarmachte, zeigt, wie Kretschmann verbal zulangen konnte: »Ich bin von zu Hause aus kein Pazifist, habe den Kriegsdienst nicht verweigert und bin schon von Natur aus ein Typ, der sich verteidigt und dem anderen dabei auch mal eine in die Fresse bügelt.«

An dieser Stelle sei geschildert, wie Parteifreunde vom linken Flügel Kretschmann damals empfanden. Christine Muscheler-Frohne, im ersten Landesvorstand der Partei und später Mitglied der Landtagsfraktion, Lehrerin und Zahnarztgattin, wie ihre Widersacher gern hinzufügten, war eine Art Gottseibeiuns für die Realos. Dass er jetzt Ministerpräsident werde, darüber freue sie sich schon, sagt sie nach der gewonnenen Landtagswahl. Aber ein Witz sei das doch: Ausgerechnet den, der immer solche Angst gehabt habe vor Basis und Bürgerinitiativen, hätten die vielen gewöhnlichen Bürger, siehe Stuttgart 21, ins Amt befördert. Im Übrigen sei er Oberrealo geworden, weil er auf die Dauer nicht Außenseiter sein wollte und böser Bube im katholischen Elternhaus, zumal nach der »Jugendsünde mit Mao«. Mit der Erinnerung kommt ihr Zorn zurück aus den alten Zeiten: »Kein Rückgrat«, lautet die Diagnose. Kretschmann wolle Everybody's Darling sein, dafür habe er sogar Parteifreunde diffamiert. Einmal, als es um den Export von Giftgas einer Firma in Lahr nach Libyen ging, hatte Muscheler-Frohne mit einem Abgeordnetenkollegen im Plenarsaal ein Transparent entfaltet: »Bei jeder Waffenschieberei / ist Baden-Württemberg dabei.« Danach gab es ein internes Strafgericht, unter Mitwirkung von Kretschmann. Angekündigt hatten die beiden die Aktion nicht – »sonst hätte man sie uns ja untersagt«. Immerhin, zu einem runden Geburtstag vor etlichen Jahren hat sie einen Brief von Kretschmann erhalten, in dem er schreibt, man sei ja nun nicht immer einer Meinung gewesen.

Was hatte es mit jener »Jugendsünde mit Mao« auf sich? Als Winfried Kretschmann Anfang der Siebzigerjahre nach Stuttgart-Hohenheim kommt, um an dieser kleinen Universität auf der grünen Wiese am Stadtrand Biologie und Chemie zu studieren, da dauert es nicht lange, bis der Katholik aus Oberschwaben, der junge Mann aus dem christlich-demokratischen Elternhaus, sich dem KBW anschließt, dem Kommunistischen Bund Westdeutschlands. Der KBW ist eine Truppe, die das orthodox-doktrinäre Sowjetmodell ablehnt und stattdessen eine seltsame Vorliebe für den fernen Vorsitzenden im Reich der Mitte hegt und für seine Utopie von der permanenten Revolution der Volksmassen. Der linksradikale Gestus gelingt allerdings nicht immer besonders eindrucksvoll. In Berlin, wo das Hauptquartier des KBW sitzt, mit dem Oberhaupt Joscha Schmierer, der drei Jahrzehnte später als außenpolitischer Experte bei Frank-Walter Steinmeier arbeitet, ist man damals unzufrieden mit den Hohenheimer Genossen: Da sei ja im Vergleich, heißt es einmal, der Ring Christlich-Demokratischer Studenten (RCDS) den Herrschenden noch unbequemer.

Kretschmann bleibt zwei Jahre, über die er nicht allzu gern spricht und die er summarisch als schweren Irrtum in mehrfacher Hinsicht charakterisiert. Als es vorbei ist, anno 1975, was wie oft im Leben auch mit ganz persönlichen Dingen zu tun hat – eine Frau namens Gerlinde, eine Schwangerschaft, die gewöhnlichen Probleme eines Alltags, der bewältigt werden will –, da wird ihm diese Episode zu einer Lektion, die lebenslang vorhält. Zur traumatischen Erfahrung, wie sich etwas pathetisch sagen ließe. Diese Rechthaberei, das Sektierertum, die Verachtung für die Demokratie und ihre Institutionen –

im Nachhinein schüttelt es ihn. Aber lehrreich abschreckend ist auch diese Erfahrung der Ohnmacht. Sie zeigt ihm, wie es ist, wenn die eigene Perspektive auf die Welt so himmelweit entfernt ist vom Denken und Fühlen derer, die doch erreicht und belehrt werden sollten.

Kretschmann verheimlichte sein maoistisches Intermezzo nie. Seit Langem nennt er es unverblümt »meine kommunistische Verirrung«. Und er teilt die Jugendsünde schließlich mit anderen ehrenwerten Zeitgenossen: Ulla Schmidt, die spätere Gesundheitsministerin der SPD, war ebenso mit von der KBW-Partie wie der spätere Grünen-Vorsitzende und heutige Europa-Abgeordnete Reinhard Bütikofer, wie Ralf Fücks, der Chef der Heinrich-Böll-Stiftung, wie Krista Sager, die Reala aus Hamburg, die schon Chefin der Grünen auf Bundesebene war, wie Gerd Koenen, der als Autor die radikalen Vergangenheiten der deutschen Linken aufarbeitet, wie Winfried Nachtwei, der als Militärexperte der Grünen im Bundestag bis 2009 mit dafür sorgte, dass die Grünen sich mit dem Afghanistaneinsatz der Bundeswehr arrangierten. Oder sogar wie Antje Vollmer, die protestantische Pfarrerin, die dann zu den Grünen fand und eine überparteilich geschätzte Vizepräsidentin des Deutschen Bundestags wurde. Nicht nur Parteifreunde wie Christine Muscheler-Frohne neigen zu der Ansicht, dass Kretschmanns weiterer politischer Lebensweg als Versuch begriffen werden muss, aus solchen Erfahrungen Schlussfolgerungen zu ziehen, sie zu verarbeiten, um nicht zu sagen: die Jugendsünde wiedergutzumachen. Sogar dezidierte grüne Realos sind überzeugt, dass die Entschiedenheit, mit der Kretschmann in späteren Jahren linke Träumereien bekämpft – jedenfalls solche, die er dafür hält –, ihre Wurzeln in diesem Lebensabschnitt hat.

Dass jedenfalls bei den ständigen Konflikten zwischen Realos und Fundamentalisten in der Anfangsphase der Grünen in Baden-Württemberg Leidenschaften aufflammten und der alte Streit um das Verhältnis zwischen politischen Zielen und den notwendigen respektive zulässigen Instrumenten auflebte, ist nur allzu verständlich. Wie sehr sich aber in der Folgezeit die innerparteilichen Konfliktlinien bei den Grünen verschoben und Alltagsprobleme ins Zentrum rückten, zeigt das Thema, das Kretschmann nur sieben Jahre später erneut an den Rand des Parteiaustritts brachte. Es ging um die Verbrennung von Sondermüll. Wieder brachen Emotionen und ideologische Differenzen auf. »Meine Schmerzgrenze ist jetzt erreicht«, sagte er der Stuttgarter Zeitung, »entweder ändert sich die Partei oder ich.« Da mit beidem nicht zu rechnen war, ließ sich das führende Blatt der Landeshauptstadt im Kommentar nicht lumpen: »Eine Trennung steht unmittelbar bevor. Der stets streitbare Landtagsabgeordnete Winfried Kretschmann wird die Partei demnächst wohl verlassen.«

Der Konflikt wurde beigelegt, mühsam, aber immerhin. Er trug dazu bei, dass selbst bei Realpolitikern und zumindest für einige Jahre ein Bild von Kretschmann entstand, das nicht immer nur schmeichelhaft war. Predigen, übertreiben, nach außen die Parole vertreten, dass grüne Politik »die Menschen abholen muss«, aber nach innen nicht integrativ auftreten, sondern konfrontativ, ein bisschen viel Freude an der Rolle des einsamen Rufers – auch solche Bewertungen werden vorgenommen, jedenfalls im Rückblick. Der rote Faden dabei: Der jüngere Winfried Kretschmann verfügte über eine ordentliche Portion Rauflust, und wenn er eine Gelegenheit sah, in Diskussionen verstrickte Parteifreunde darüber aufzuklären, dass die ganze Frage falsch gestellt war, dann habe er sich eine solche nicht gern entgehen lassen. So heißt es bei Insidern. Soweit es sich bei ihnen um Aktivisten des Realoflügels handelt, mag teilweise der Ärger darüber mitspielen, dass Kretschmann sich in ihre Schachzüge nie so recht hat einbinden lassen. Dafür war und ist sein Eigensinn in der Tat zu ausgeprägt.

Als Jutta Ditfurth und ihre Freunde die Partei im Jahr 1990 verließen und die realpolitische Strömung die Oberhand gewann, durfte Kretschmann aufatmen. Jedoch blieb er streitbar. Als 1998 ein Bundesparteitag den Beschluss fasste, der Spritpreis solle auf fünf Mark ansteigen – nach und nach, im Gleichschritt mit vermindertem Spritverbrauch –, da kritisierte er nicht nur diesen Beschluss, sondern fand zugleich höchst harsche Worte über den Geistes- und Gemütszustand seiner Partei, bei der er »frevelhaften Übermut, Verfremdung und Überheblichkeit« ausmachte. Jahre später wird sich die Geschichte wiederholen, als es um den Veggie-Day geht und – deutlich dramatischer für einen Ministerpräsidenten im Autoland Baden-Württemberg – um die Abschaffung des Verbrennungsmotors ab 2030. Es gibt Weggefährten, die sagen schon lange über ihn, er sei einer, der die Partei mehr verändert hat als sie ihn. Und davon will er noch immer nicht ablassen.

– 7 –

Ganz nach Platos Geschmack

Von richtig und falsch in der Demokratie

So etwas geht wohl nur mit dem. Es ist im Winter, Anfang 2016, Landtagswahlkampf, rund 500 Menschen in der proppenvollen Jahnhalle in Endersbach, einer ländlich geprägten Gemeinde 15 Kilometer östlich von Stuttgart. Auf dem Podium Winfried Kretschmann, Ministerpräsident. Hier, wo CDU und die oft noch konservativeren Freien Wähler traditionell weit vorn liegen in der Wählergunst, wirbt er dafür, dass er weitermachen kann mit seiner grün-roten Landesregierung. Sein Gesprächspartner ist der Chefredakteur der Lokalzeitung, ein wohlgenährter studierter Historiker, den es aus dem Münsterland ins Schwäbische verschlagen hat. Und der neugierig genug geblieben ist, Kretschmann zu fragen, was es eigentlich mit dieser Hannah Arendt auf sich hat, der deutsch-amerikanisch-jüdischen Philosophin. In gefühlt jeder Rede zitiert Kretschmann sie, sie ist sein Fixstern, umkreist von Kant, Aristoteles und noch ein paar Geistesgrößen, deren Namen in Endersbach sonst eher selten fallen; und auf ein paar passende Bibelzitate muss man sich bei diesem Politiker ebenfalls immer gefasst machen.

Bei Angela Merkel ginge so etwas wohl schief, bei Horst Seehofer oder Frank-Walter Steinmeier auch. Bei Kretschmann geht es aber gut, so gut, dass in dieser von Handwerkern, Bauern und kleinen Einzelhändlern gefüllten Halle die berühmte Stecknadel gehört würde, fiele sie zu Boden. In ein paar knappen Sätzen erzählt der Wahlkämpfer, was er bei Arendt gelernt hat: Dass Macht entsteht, wenn Menschen sich um eine Idee versammeln, dass der Sinn von Politik Freiheit ist und ihre Grundlage die Erkenntnis von der Pluralität. »Der Mensch an sich ist verschieden«, doziert er, ohne dass es nach Dozieren klingt, und: »Die Menschheit besteht aus Milliarden von Unikaten.« Dafür gibt es in der Jahnhalle rauschenden Beifall. Natürlich darf die obligate Frage nicht fehlen, ob der Gast wirklich so konservativ ist, wie immer alle sagen und schreiben. »Sehr begrenzt und sehr bedingt« könne er da zustimmen, räumt der Grüne ein und erzählt zu seinem eigenen und dem Amüsement des Publikums von dem Spruch eines »namentlich nicht genannt sein wollenden« CDU-Politikers: »Hätten wir Kretschmann, hätten wir 66 Prozent.«

Die CDU hat ihn aber nicht, und auch deswegen werden es ein paar Wochen nach dieser bemerkenswerten Veranstaltung nur magere 27 Prozent. Platz zwei hinter den Grünen, und noch eine Premiere: Die CDU – noch dazu in ihrer

Hochburg Baden-Württemberg – wird jetzt Juniorpartner einer Partei, bei der sie sich noch vor drei Jahrzehnten eher bekreuzigt hätte, als an gemeinsames Regieren zu denken, geschweige denn unter ihr die zweite Geige zu spielen. Und wer auf die SPD schaut, die das Wählervotum trotz ordentlicher Regierungsarbeit glatt halbiert hat und die auf unter 13 Prozent gefallen ist, der muss sich mächtig Sorgen machen um die CDU. Wird Kretschmann sie als nächstes zerkleinern? Immerhin hat er dezent die Möglichkeit angedeutet, 2021 womöglich erneut anzutreten. 73 wäre er dann zwar schon, aber schließlich ist er gesegnet mit Gottvertrauen. Und er erinnert bisweilen an Hazel McCallion, die bis ins zarte Alter von 93 Bürgermeisterin von Mississauga war, einer Industriestadt, größer als Stuttgart, im Weichbild von Toronto, in der sich zahlreiche industrielle Flaggschiffe aus Baden-Württemberg angesiedelt haben.

»Ein Philosoph wird Präsident«, hatte 2011 Fritz Kuhn gesagt, der Realo-Freund und erster grüner Oberbürgermeister einer Landeshauptstadt. Wenn schon sonst keiner unter den Spitzenpolitikern der Republik, dann muss eben der Mann aus Laiz bei Sigmaringen den alten Traum des Plato wahrmachen: dass ein ideales Gemeinwesen von Philosophen zu regieren sei oder wenigstens von Herrschern, die Philosophen wurden. Nun nannte sich Baden-Württemberg früher zwar gern Musterländle, war und ist aber doch weit vom Idealzustand entfernt. Und wie ideal ist der Politiker Kretschmann? Vieles macht er richtig. Sachkenntnis, Charisma, Bodenständigkeit, Bildung, Humor, Leidenschaft, Belastbarkeit, Erfahrung, Eigensinn, Zuverlässigkeit, Seriosität: Er bringt eine Menge Tugenden mit für dieses Amt an der Spitze des drittgrößten Bundeslandes mit seinen fast elf Millionen Einwohnern. Deshalb genießt er so viel Vertrauen bei den Leuten, deshalb hätte nicht viel gefehlt – nämlich das Plazet von futterneidischen CSU-Häuptlingen –, und er säße als Joachim Gaucks Nachfolger im Schloss Bellevue. Aber was macht er, wo denkt er womöglich falsch?

Für eine Antwort scheint es hilfreich, auf die Siebziger Jahre zurückzublicken, als Kretschmann Student und bei einer Maoistentruppe in Stuttgart war. Damals habe er »zu unreflektiert und vor allem zu eng geglaubt«, sagt er heute, und dass ihm das noch immer nachgehe: »Wie kommt es, dass man als gebildeter Mensch auf einmal in so einer Sekte landet? Dass man die Welt nur noch durch einen Tunnelblick sehen kann?« Sein Trauma: Dass er damals immer wieder vor Fabriktoren stand und die Kommunistische Volkszeitung feilbot, die kein Mensch haben wollte. Bis ihm eines Tages endlich ein Werktätiger ein Exemplar abnahm, aus Mitleid, weil es regnete. Und das alles in dem Glauben, die Welt retten und etwas gegen diese Ungerechtigkeit tun zu müssen. Dann fiel ihm eines Tages ein Buch von Hannah Arendt in die Hände, per Zufall. Mit ihrer Hilfe und der Unterstützung von Freundin Gerlinde verschwand der totalitäre KBW-Spuk aus seinem Hirn. Vierzig Jahre später operiert er beharrlich mit dem Etikett »pragmatischer Humanismus«. Seine Leitsätze heißen: Sich selbst und das Gemeinwesen nicht überfordern, der Mensch, wie er steht und geht, ist schon recht, man darf ihn nicht zu seinem Glück zwingen und erziehen wollen.

Allerdings bezieht Kretschmann auch Positionen und benutzt Formulierungen, von denen nicht nur der linke Flügel seiner Partei meint, dass er damit zum Teil weit übers Ziel hinausschießt. In der Demokratie, sagt er beispielsweise über die Volksabstimmung zu Stuttgart 21, gebe es kein richtig oder falsch, sondern nur Meinungen, »und eine setzt sich durch. Unsere hat sich nicht durchgesetzt.« So riskiert er zumindest, gründlich missverstanden zu werden, und eben deshalb gilt der Gegner des Milliardenprojekts seit Mitte der Neunziger, eigentlich der Inbegriff des ernsthaften, bedachten und integren Politikers, in Stuttgart und um Stuttgart herum einigen tausend früheren Weggefährten als abgefeimter Verräter, als Inbegriff von Verkommenheit, die alles dem Machterhalt unterordnet.

»Wir müssen eine Sprache finden, die von allen verstanden wird«, ist ein Kernsatz der Kretschmannschen Kommunikationsphilosophie. Mit der Leugnung von richtig und falsch in der Demokratie wird dieses Ziel aber verfehlt. Den Menschen leuchtet nicht ein, dass eine Staatsform Tatsachen schreddern können soll zu bloßen Ansichten; so jedenfalls verstehen sie die provokante Formel des Ministerpräsidenten. Mit der er genau das erreicht, was er doch vermeiden will: Menschen überfordern. Aber dabei bleibt es nicht. »Das ganze Glücksgerede finde ich einen Irrweg. Das große Missverständnis heute ist, dass die Politik die Menschen glücklich machen soll«, sagt er 2015 in einem Interview mit der »Zeit«. Wann, fragt sich da der wohlwollende Zeitgenosse, wäre aus dem Munde der Kanzlerin, eines namhaften Sozialdemokraten oder der Frau Wagenknecht je in öffentlicher Rede die Vokabel Glück zu hören gewesen? Welchen Popanz baut Kretschmann da auf, und zu welchem Zweck?

Zu Recht ist das Wort in Wahrheit tabu für den Politikbetrieb. Der ist für so etwas viel zu unromantisch. Glück ist nach allgemeinem Verständnis in Liebesbeziehungen zu erhoffen, im beruflichen Erfolg oder von der Lottofee. Mit der Sphäre des operativen Geschäfts von Abgeordneten oder Ministern verbindet niemand diesen Begriff. Aber der Hannah-Arendt-Schüler hält der Politik vor: »Dauernd übers Glück zu reden, halte ich für einen Wahn.« Ob sich da Reste des Tunnelblicks von einst erhalten haben oder gar erneuert? Die weltfremde Utopie von der klassenlosen Gesellschaft, von der maximalen Gleichheit aller scheint sich in ihr libertäres Gegenteil verkehrt zu haben. Die Gesellschaft zusammenhalten, das ist Kretschmanns glaubhaftes Anliegen – aber nicht die viel zu große und weiterwuchernde materielle Ungleichheit in dieser Gesellschaft, in deren Mitte es bedrückende Armut gibt, raubt ihm wie anderes häufig den Schlaf. Eher schon der Gedanke, dass ein schwäbischer Mittelständler es der Politik verübeln könnte, wenn die eine Vermögensteuer einführt. Deshalb ist Kretschmann strikt dagegen, argumentiert mit den Arbeitsplätzen, die verlagert werden könnten – und bringt damit im Herbst 2016 die Mehrheit seiner Partei gegen sich auf.

Und die Landesvorsitzende der Grünen Jugend Lena Schwelling wirkt wie viele andere Grüne genervt von Kretschmanns ständiger Lobpreisung der Kanzlerin, der er bescheinigt, keine(r) könne den Job besser als sie. »Egotrip«, hieß es im Spätherbst 2016, »jetzt hat er sich völlig verrannt.« Immerhin nahte da der Bundestagswahlkampf, und öffentliche Beteuerungen, die Union habe eine schlechterdings nicht zu toppende Regentin zu bieten, nehmen sich in dieser Lage wenig stimulierend aus für den Elan der eigenen Partei. Nicht-Grüne und Chronisten reiben sich ebenso die Augen.

Und tun das noch intensiver, wenn Kretschmann die Welt immer wieder im Alleingang wissen lässt, in der aktuellen Lage mit all ihren Krisen und Herausforderungen sei sowieso ein schwarz-grünes Bündnis auf Bundesebene das Gebot der Stunde.

Den Schrecken über die »Verbohrtheit« von damals, über die »Verblendung«, den kriege er nicht mehr weg, sagt der Kretschmann von heute. Aber ein gewisser Hang zur Mantra-Bildung ist immer noch oder wieder da. Andererseits, um fair zu sein: Politik machen ohne das Wiederkäuen des Immergleichen, zumindest für eine gewisse Zeit, ist wahrscheinlich unmöglich. Digitalisierung ist für Winfried Kretschmann so ein Mantra. Nie vergisst er zu erwähnen, dass er der erste Regierungschef in Deutschland war, der zu diesem Schlüsselthema für die Zukunft eine Regierungserklärung abgab. Und wenn er nach einer Kalifornien-Reise in immer neuen Volten auf Venture Capital und den Spirit der Firmengründer zu sprechen kommt, klingt er gerade so, wie vor dreißig Jahren das »Cleverle« klang: Lothar Späth.

Überhaupt meint er, dass er deshalb in Baden-Württemberg regiert, weil die Leute in ihm einen sehen, der darauf schaut, dass die Rahmenbedingungen für die Wirtschaft passen. Ökologisch richtige Produkte heißt das Zauberwort, und ein maßgeblicher Sinn des Ganzen ist aus seiner Sicht die Entkopplung von Wirtschaftswachstum und Naturverbrauch. Das Wort vom Wirtschaftswachstum nimmt der Regierungschef sehr entspannt in den Mund. Dabei ist es noch nicht so lange her, dass bei Grünen und anderen Kritikern des real existierenden Kapitalismus im immerwährenden Wachstum der Wirtschaft ein Krebsübel gesehen wurde, das dem Planeten gewaltig zusetzt. Jetzt versucht Kretschmann seinen Zuhörern in Endersbach und anderswo klar zu machen, dass die Menschen ökologisch Sinnvolles nur dann akzeptieren, wenn ihnen zugleich ein »Prosperitätsversprechen« gemacht wird. »China«, sagt er, »verstromt mehr Kohle als der Rest der Welt. Da leben noch eine Milliarde Menschen in Armut. Denen können Sie Tag und Nacht etwas von den Gefahren des Klimawandels erzählen, die werden den ökologischen Weg nicht mitgehen ohne Aussicht auf größeren ökonomischen Erfolg.« Also müssen wir in Deutschland »zeigen, dass man auf diesem Weg Wohlstand und Prosperität generieren kann.« So, in diesem Technokratenjargon, hätte er früher kaum geredet. Aber die Zeiten ändern sich. Vielleicht meint er genau das mit dem Satz: »Kein vernünftiger Mensch verhält sich als Erwachsener wie ein Jugendlicher. So ist das auch mit einer Partei.«

Auf diese Weise hat Kretschmann es geschafft, dass kein Unternehmer, der ernst genommen werden will, es sich noch leisten könnte, wegen der Grünen schwarz zu malen. Als sie 2011 in Stuttgart ans Regieren gekommen waren, galten sie noch immer und allzu oft als Fortschritts- und Technikfeinde, als Bremser und Autokiller. »Muss Porsche jetzt Treträder bauen?« – diese Schlagzeile in dem Blatt mit den ganz großen Buchstaben und der kaum kleineren Begabung als Stimmungskanone sprach wenige Tage nach der Landtagswahl sicher nicht wenigen Württembergern und Badenern erst einmal aus der Seele. Funktionäre von Wirtschaftsverbänden kommentierten den Wahlausgang mit Begriffen wie »mittelschwere Katastrophe« und äußerten die Befürchtung, die Abwahl von Schwarz-Gelb werde dem Standort Baden-Württemberg schlecht bekommen. Die Bayern, fröhlich-schlitzohrig wie immer, boten damals schwäbischen und badischen Kapitalisten ganz offiziell Zuflucht in der östlichen Nachbarschaft an, wenn die neue Regierung es denn doch zu toll treiben würde mit den sicher zu erwartenden Schikanen.

Fünf Jahre nach jener Schlagzeile regieren die Grünen nun sogar mit der CDU und können nach langem Bangen die vorläufige Antwort geben: Nein, Porsche muss jetzt keine Treträder bauen. Im Dezember 2015 wird vielmehr das Milliardenprojekt »Mission E« gestartet, tausend neue Arbeitsplätze in Stuttgart-Zuffenhausen inklusive. »Gehen Sie weiter in die grüne Richtung, dann kommen wir gut zusammen«, hatte Kretschmann bei seinem Antrittsbesuch im Mai 2011 verlangt. Da geht die Elektro-Entscheidung runter wie Öl. Nur, so ein Erfolg ist ja nicht alles. Ein grauenhaftes Megathema bleibt: Wenn Winfried Kretschmann noch mehr von dem hätte, was er mal war, würde er in Endersbach einem der 500 Besucher eine andere Antwort auf dessen Frage geben, warum er und seine Grünen nichts unternehmen gegen den Export von Waffen. Mit der Gewehrfabrik Heckler&-Koch, mit Daimler und seinen waffenfähigen Nutzfahrzeugen, mit einigen anderen klingenden Konzernnamen hätte eine grün-geführte Landesregierung jeden Grund, sogar die Pflicht zu handeln. Kretschmanns Erwiderung ist zwar juristisch richtig, aber inhaltlich zu dürftig für den Mitgründer einer Partei, die einen realistischen, keinen radikalen Pazifismus vertritt: Waffenexport ist Sache des Bundes, Länder sind unzuständig. Deshalb könne er nur eine »persönliche Meinung« äußern, nämlich die, dass keine Waffen mehr nach Saudi-Arabien geliefert werden sollten. Dabei wäre es ihm ja nicht verboten, den Vorständlern dieser Unternehmen einen Besuch abzustatten und mit der ganzen Autorität des beliebten und hochangesehenen Regierungschefs ins Gewissen zu reden. Innovation muss sich schließlich nicht in der Digitalisierung erschöpfen.

– 8 –

Aus Liebe zur Natur

Er muss doch schnell die Welt retten

Bundesumweltministerin Barbara Hendricks fuhr im November 2016 nicht wirklich mit vollen Händen zum Klimagipfel nach Marrakesch. Bis kurz vor knapp hatte die Große Koalition keine Einigung über den eigenen Klimaschutzplan zustande gebracht. Die Sozialdemokratin warf der Union Obstruktion vor, konnte sich aber gegen die Kohlefreaks an der eigenen Parteispitze ebenso wenig durchsetzen. Am Ende waren die deutschen Klimaschützer dann aber doch zufrieden. Der Grund hatte einen Namen: Winfried Kretschmann, Baden-Württembergs Ministerpräsident. Im Mai 2015, damals noch Chef einer grün-roten Koalition in Stuttgart, hatte er gemeinsam mit Kaliforniens Gouverneur Jerry Brown und zehn weiteren Gründungsmitgliedern aus Europa und den USA in Sacramento ein Papier verabschiedet, das bald darauf unter dem Kürzel »MoU Under 2« seine Kreise rund um den Globus zu ziehen begann. Als die Bundesregierung eineinhalb Jahre danach vor Ort in Marokko entschied, sich anzuschließen, gab es weitere 28 Unterschriften. Vor und nach dem Klimagipfel Paris 2015 haben sich damit fast 200 Städte, Staaten, Bundesstaaten, Länder und Regionen darauf verpflichtet, für ihren Zuständigkeitsbereich mit konkreten Maßnahmen den Anstieg der globalen Durchschnittstemperatur auf weniger als zwei Grad zu begrenzen.

Immerhin repräsentiert das Bündnis mehr als eine Milliarde Menschen und gut ein Drittel der weltweiten Wirtschaftsleistung. Auf einem Landesparteitag in Schwäbisch Gmünd wird Kretschmann von der Erfolgsbotschaft überrascht. Niemand hatte ihn informiert, nicht einmal der seiner Partei nahestehende Staatssekretär Jochen Flasbarth, den Hendricks als ausgewiesenen Fachmann zum Erstaunen der Expertenszene in ihr Haus geholt hatte. »Ambitionierter Klimaschutz benötigt eine Kraftanstrengung aller Akteure: Wirtschaft, Wissenschaft, Bürger und alle Regierungsebenen müssen einen Beitrag leisten«, hatte Flasbarth vor Journalisten in Marrakesch betont. Als die Meldung vom Erfolg »seines« Papiers Kretschmann erreicht, bittet er beim Parteitagspräsidium noch einmal ums Wort, obwohl er eben schon seine Hauptrede gehalten hat. Sonst heißt seine Devise immer: »Ich bleibe auf dem Teppich, auch wenn der fliegt«, jetzt greift er zu ungewohnten Vokabeln, die Genugtuung und Stolz ausdrücken. »Ich freue mich wie ein Schneekönig«, sagt er. Da sehe man, was ein Provinzpolitiker erreichen könne auf der Weltbühne. Und appelliert an die Delegierten, das große alte grüne Thema wieder in den Mittelpunkt zu rücken: »Es geht ums Ganze, um unseren schönen Planeten.«

Dass er vor vier Jahrzehnten Biologie und Chemie studiert hat, schuf eine solide Grundlage. Er ist immer noch mit Leidenschaft in der Natur unterwegs, vor allem auf seiner geliebten Schwäbischen Alb. Im Sommer 2015 haben seine Mitarbeiter einen vorgezogenen Start in den Landtagswahlkampf organisiert: eine mehrtägige Wandertour, die sogar dem geübten Marschierer viel und vielen der ihn begleitenden Journalisten noch wesentlich mehr abverlangt. Er kennt sich aus mit Flora und Fauna und kann als Gründungsmitglied einer ökologischen Partei jederzeit den Bogen zu den Konsequenzen schlagen, die die Politik ziehen müsste aus dem, was es da alles zu beobachten gibt am Wegesrand. Mit Winfried Kretschmann ist in Europa ein Politiker an der Macht, der den Artenschutz zu den zentralen Zielen zählt. Nicht weil er gerade en vogue wäre, sondern aus Überzeugung. In seinen ersten fünf Regierungsjahren hat ihn für die Öffentlichkeit auch interessant gemacht, wie der Christ das C ernst nimmt, das seine Partei nicht im Namen trägt. Und wie der Ökologe Anspruch und Wirklichkeit zusammenbringt.

Mit gutem Gewissen machte die Familie Kretschmann früher gern Urlaub auf dem Bauernhof. Nichts Besonderes, eher naheliegend mit drei Kindern und dem schon damals vorhandenen Bewusstsein, wie umweltschädlich Fernreisen sind. Sie fuhren nach Laiz, wo Gerlinde Kretschmanns Eltern eine Hühnerfarm mit 600 Tieren betrieben, dicht gedrängt in Käfigen, unvereinbar mit grüner Programmatik. Um den Schwiegereltern Ferien zu ermöglichen, übernahm er trotz eigenem Urlaub die anfallenden Arbeiten: kontrollieren, füttern, Eier einsammeln, allfällige Reparaturen erledigen. Mit Widerwillen und zugleich mit einem nüchternen Blick auf wirtschaftliche Notwendigkeiten. »Wer von der Eierproduktion leben will«, sagte er damals, »kommt ohne Käfighaltung in Probleme.« Der Kampf ist inzwischen gewonnen. Seit 2012 ist Käfighaltung dieser Art EU-weit verboten.

Aus Liebe zur Natur hat Kretschmann die Grünen mitbegründet, sagt er im Wahlkampf 2011. Nicht zu oft, damit die Botschaft nicht verschleißt. Aber wenn er darauf zu sprechen kommt, dann mit Inbrunst. Manchmal nennt er sein Verhältnis zur Natur sogar libidinös. Und die, die regelmäßig mit ihm wandern, erzählen, dass er schon mal das Weiterwandern vergisst, weil ihn die eiszeitliche Reliktflora an der Oberen Donau in ihren Bann schlägt und er zu dozieren beginnt. Als er noch mehr Zeit hatte, war er Sonntag für Sonntag hier mit seiner Frau unterwegs. Die beiden haben Wanderungen veranstaltet und geführt, über fünf, sechs, sieben Stunden. Kretschmann kennt das Oberland, die Alb und das Albvorland wie seine Westentasche. Kommt er auf den Albtrauf zu sprechen, der sich aus dem Neckartal erhebt und aus der Entfernung blassblau schimmert, oder auf die Felsen im Donautal, verändern sich Stimme und Tonlage.

Ein weiches Thema mit hartem Kern. Jeden Tag verschwinden auf der Erde mehr als 300 Tier- und Pflanzenarten. »Wenn wir Regierungsverantwortung übernehmen, werden wir die Artenvielfalt, den Naturschutz und den Erhalt der Kulturlandschaft vom Rand ins Zentrum der Politik rücken«, kündigt er an. Die Zeit drängt, erst recht in einem reichen Industrieland. Vom Rand ins Zentrum müssen die guten Beispiele, die viel zu oft unbeachtet bleiben. Daimler-Benz wirbt in Hochglanzprospekten mit der Verwendung von Kokosfasern: Global Player trifft Naturschutz. Willi Hoss, der

2003 verstorbene frühere grüne Bundestagsabgeordnete, hat die Verantwortlichen des Autobauers für Amazonien und für nachwachsende Rohstoffe interessiert. Den Bauern, die den Regenwald abholzten, um überleben zu können, sollte ein anderes Einkommen ermöglicht werden. Das Ulmer Forschungszentrum des Unternehmens und die Labors der Universität in der brasilianischen Amazonasstadt Belém tüftelten an Sonnenblenden und Hutablagen, an Nackenstützen und Sitzpolstern. Heute werden Kokosfasern vielfach verwendet. Angebaut wird von den Bauern längst auch anderes, die Ernährungsbasis ist gesichert.

Vor 31 Jahren haben Willi Hoss und Winfried Kretschmann gemeinsam ein Thesenpapier verfasst. Der eine arbeitete als Hochdruckschweißer »beim Daimler«, wie die Stuttgarter sagen, der andere, der Studienrat saß als Neuling im Landtag. Es ging um alternative Energieszenarien zur Atomkraft, um Rezepte gegen globale Ressourcenverschwendung und gegen Umweltzerstörung durch Chemie und Verkehr. Zugleich um den Umgang der neuen Partei mit Praktikern und Fachleuten, die zur Zusammenarbeit auf allen Ebenen animiert werden sollten. Gelohnt werden der neuen Partei ihre Bemühungen von vielen nicht. Viele Blätter in der Republik setzen die Grünen beharrlich in Anführungszeichen und spekulieren darüber, wann die neue Bewegung an ihr Ende kommt. »Die KPD und die DKP sehen in den Umweltschutzmaßnahmen wichtige Chancen zum Eindrücken dieses Staates«, hat Hans Filbinger in den Siebzigerjahren gesagt. Die Grünen waren da noch nicht gegründet, aber solche Bewertungen wurden später auf sie übertragen: dass sie zu radikal seien und zu links, zu unberechenbar, zu eindimensional und zu weltfremd. Die Ein-Punkt-Partei, »die sich über den Natur- und Umweltschutz hinaus nicht auf konkrete Aussagen verständigen kann«, werde sich schnell überflüssig machen, prophezeite selbst Erhard Eppler. Erwin Teufel, später Ministerpräsident, damals CDU-Fraktionschef, triefte vor Mitleid und fand »schier niederschmetternd«, wie schwer sich die Grünen täten, »bis zur Hilflosigkeit«. Nach einigen wenigen Plenardebatten will er grüne Reden schon selber schreiben können, weil ja doch immer nur die Themen Kernkraft, Ökologie und Abrüstung variiert würden.

Auch Jean-Paul Picaper, Bonner Korrespondent des konservativen Pariser »Figaro« und Freund von Helmut und Hannelore Kohl, befasste sich seinerzeit, 1980, mit dem Einzug der Grünen in den Stuttgarter Landtag. Für ihn grenzte er »fast an Zauberei«. Er griff eine Geschichte auf, die bei CDU und FDP in Südbaden als Erklärung für den Erfolg herhalten musste – und verblüffende Parallelen zu diesem Wahltriumph von 2011 aufweist: Drei Tage vor der Wahl hatte sich »eine verflixte Dampfwolke« vom elsässischen Atommeiler in Fessenheim Richtung Schwarzwald bewegt und die Bevölkerung verunsichert. Fessenheim, noch heute am Netz und berüchtigt für seine vielen Störfälle, war da schon lange im Visier der Atomkraftgegner.

Den Vogel schoss der Schwäbische Albverein ab. Die Grünen gefährdeten das ökologische Bewusstsein, argumentieren die Vereinsoberen in den Achtzigern, mit diesem verblüffenden Argument: Weil sie euphorisch den Gedanken des Naturschutzes aufgenommen hätten, könne das neue Bewusstsein dafür in der Öffentlichkeit »wie ein Strohfeuer verbrennen«. Die Erfolge im Naturschutz dürften jedenfalls jetzt nicht durch eine neue Partei leichtfertig verspielt werden. Der Schwäbische Albverein hatte damals stolze 110000 Mitglieder, der Anteil der CDU-Wähler war vermutlich üppig.

Im April 2011 grünt es wie selten zu dieser Jahreszeit im Stuttgarter Talkessel. Ein hartnäckiges Vorsommerhoch und kurzer ausgiebiger Regen zur richtigen Zeit verschönt die immer dorniger werdenden grün-roten Koalitionsverhandlungen im Haus der Architekten. Kretschmann und den anderen Beteiligten wird wenig geschenkt in diesen Tagen. Der Blick über die Stadt aber, auf die blühende, austreibende Pracht der Natur, er ist kostenlos. »Und ich habe das alles doppelt«, sagt er einmal. Daheim in Laiz ist die Natur noch nicht so weit; was in Stuttgart schon in voller Blüte steht, kommt im Donautal erst allmählich nach.

Für die Geschichte der Ökologiebewegung hat der Frühling eine herausragende Bedeutung. Rachel Carson, Biologin und Autorin aus Pennsylvania, schrieb Anfang der Sechzigerjahre ein Buch mit dem Titel »Silent Spring«. Jahrelang hatte sie sich mit dem Einsatz von Pestiziden befasst, vor allem von DDT. Die Veröffentlichung hatte weitreichende Konsequenzen. John F. Kennedy wurde aufmerksam, nur ein Jahr später brachte der Senat ein Verbotsgesetz auf den Weg. DDT ist auch in Deutschland nicht mehr legal in Gebrauch, viele andere Pestizide werden aber weiterhin eingesetzt. Die Grünen fordern seit 1984 ein Totalverbot. Als 2008 an der Rheinschiene massenhaft Bienen sterben, erinnert Kretschmann im Landtag an frühere Zeiten und holt zum Rundumschlag aus: Anfang der Achtzigerjahre war er für seine Ideen vom ökologischen Landbau im Parlament noch regelrecht verhöhnt worden. Gerhard Weiser, Landwirtschaftsminister und Urgestein der CDU, selbst praktizierender Bauer, hatte das Konzept für »verrückt« erklärt und Zusammenhänge hergestellt zur »Misswirtschaft in Polen«. Es habe sich nichts geändert, ereifert sich Kretschmann mehr als zwei Jahrzehnte später, das sei »skandalös«. EU-weit wurden in Lebensmitteln nicht weniger als 345 Pestizide nachgewiesen. Brüssel ist inzwischen aktiv geworden, seit 2015 gelten schärfere Regeln.

Kretschmann geht es schon seit Jahren ausdrücklich nicht nur um mehr Öko auf dem Feld. Sondern um »das Dreieck Landwirtschaft, Naturschutz und Tourismus« und damit um die Wirtschaftskraft des Landes. Wer nach Baden-Württemberg kommt, in das Land mit dem Werbe-Slogan »Wir sind Süden«, will schöne, abwechslungsreiche Landschaften sehen. Ein verständlicher Wunsch, dessen Erfüllung sich rechnen muss für jene, die diese Landschaften erhalten und bewirtschaften. Kretschmann wirbt für eine ökologische Landwirtschaft, die gesunde und schmackhafte Lebensmittel aus der Region produziert. »Sie sehen«, wendet er sich im Wahlkampf, nicht nur 2011, sondern auch 2016 an seine Zuhörer, »dass auch mit Themen, die bisher nicht so sehr im Zentrum stehen, doch wichtige Fragen aufgerufen werden.« Die nämlich nach einem guten Leben und vor allem die, wie das Gemeinwesen reagieren soll. Natur muss nicht nur in eigens ausgewiesenen Reservaten geschützt werden, sondern als Ganzes und von vornherein durch andere Produktionsweisen. Gifte oder genverändertes Saatgut sind zu verbieten, vieles andere will der Grüne eher der Entscheidung der Konsumenten überlassen. Wieder einmal in der Überzeugung, dass intensive Werbung für einen anderen, für einen naturschonenden und nachhaltigen Lebensstil immer mehr Mitstreiterinnen und Mitstreiter finden wird.

Oder schon gefunden hat. Genauer gesagt: hatte. Denn sie sind längst vergessen, die kleinen runden Aufkleber mit der rot durchgestrichenen 100 sogar auf – wie sie heute heißen – Premiumprodukten der Automobilindustrie des Landes. Die dramatischen Bilder sterbender Bäume im Schwarzwald haben selbst begeisterte Autofahrer einen Gang zurückschalten lassen. Die Politik hat nicht darauf reagiert. Immer wieder haben die Grünen ein Tempolimit auf Autobahnen und Bundesstraßen gefordert. Anfang der Achtziger liest Kretschmann im Landtag Zahlen aus dem Umweltbundesamt vor – und kann nicht begreifen, wie kalt das die Kollegen lässt: Eine Geschwindigkeitsbegrenzung auf hundert Stundenkilometer würde den Ausstoß von Stickoxiden durchschnittlich um 20 bis 23 Prozent senken, bei Tempo 80 auf Landstraßen kämen weitere 25 Prozent hinzu. Binnen zehn Jahren sind die Emissionen um 80 Prozent gestiegen. »Raserei mit Freiheit in Verbindung zu bringen«, so etwas hält er für abgeschmackt. Er wettert gegen die geplante Stilllegung von rund 7000 Eisenbahnstreckenkilometern und kommt doch der Gegenseite entgegen: »Wir wissen, dass man aus 500 Jahren Neuzeit nicht aussteigen kann.« Durchsetzen wird sich seine Position noch lange nicht. Wie einige Jahre später in der Debatte um bleifreies Benzin argumentieren CDU, FDP und etliche Sozialdemokraten mit der Wirtschaftskraft des Landes. Damit, dass rund um Stuttgart die schönsten und schnellsten Autos der Welt gebaut werden und die Welt sehen soll, dass sie auf deutschen Straßen die schönsten und die schnellsten sind. »Das ist absurd«, ruft Kretschmann, und wie so oft überschlägt sich seine Stimme vor Empörung. Wie absurd es ist, kommt zunächst nur bei einer sogenannten kleinen radikalen Minderheit an, das Bewusstsein der großen Mehrheit ist ein anderes. Und den ökonomischen Interessen steht ökologisches Denken ohnehin nur im Weg. »Die bisherige Geschichte der Bundesrepublik musste irgendwann einen grünen Protest hervorbringen«, schrieb der Kölner Psychologe Henning Günther schon Anfang der Neunziger, zu »rücksichtslos und unförmig« gingen Industrialisierung und Modernisierung vonstatten.

Heute, gut drei Jahrzehnte nach den ersten Tempolimit-Debatten ärgert sich Kretschmann immer noch darüber, dass das Allzweck-Argument von damals, Produkte müssten dort, wo sie produziert werden, auch in Betrieb sein, für einen bestimmten Wirtschaftszweig nicht gelten soll: ausgerechnet für die Windkraft. In Baden-Württemberg erwirtschaften mehr als hundert Firmen einen Umsatz von fast 600 Millionen Euro. »Aber der Anteil in der Energieproduktion liegt unter einem Prozent«, klagt er. Schon 2006, als er zum ersten Mal als Spitzenkandidat der Grünen in einem Landtagswahlkampf antritt, ist er gern gesehener Gast vor allem bei Mittelständlern mit ökologischem Bewusstsein. Im Landtagswahlkampf des Jahres 2011 wird er von manchen Firmenmanagern regelrecht mit der Forderung nach schärferen Umweltnormen bedrängt. Nur so, sagen sie, haben Unternehmen mit einer naturfreundlichen Spitzentechnologie eine strategische Chance gegenüber Billiganbietern. Kretschmann besucht einen in Göppingen ansässigen Maschinenbauer mit fast 6000 Beschäftigten weltweit, wenige Tage nach der Eskalation des Polizeieinsatzes gegen Stuttgart-21-Gegner im Schlossgarten.

Die Umfragezahlen sind hoch für die Grünen. Der Unternehmensvorstand sieht in dem Gast dennoch weniger den kommenden Regierungschef, sondern mehr einen Politiker, der sich für ihn und seine Probleme interessiert. Seine Forderung ist unmissverständlich: ambitioniertere Standards, als sie von der bisherigen Landeregierung verfolgt wurden. Und er erzählt von dem zähen Kampf, der nötig war, bis ihm endlich ein Standort für den Prototyp einer modernen Windkraftanlage genehmigt wurde.

Baden-Württembergs Maschinenbauer sind die besten Beispiele dafür, wie produktiv die Verschärfung von Umweltschutzvorgaben sein kann. Mit viel Engagement hatte Kretschmanns Vorvorgänger Günther Oettinger im Interesse der heimischen Automobilindustrie gegen schärfere Kohlendioxidgrenzwerte der EU gestritten. Als er unterlag, zogen die Zulieferer mit den weltweit klingenden Namen ihre Schubladen auf und holten heraus, was dort zu verstauben drohte. »Ohne die strikten Vorgaben der EU hätte es diese dynamische Entwicklung nicht gegeben«, sagt einer. Viele Unternehmen profitierten und profitieren vom Brüsseler Innovationsdruck in Sachen Schadstoffverringerung. Endlich kam in Mode, was neudeutsch »Downsizing« genannt wird: Autos werden leichter und klimafreundlicher, und endlich ist die Nockenwelle mit Wälz- statt mit Gleitlager gefragt. Sie sorgt für ein CO2-Minus von fünf Prozent. Die Idee ist alt, weil der Preis aber bei zehn Euro (!) pro Stück und damit deutlich über dem alten, klimaschädlicheren Modell liegt, wollen Große wie Kleine der Branche lange nicht zugreifen. Dank der EU-Drohung mit Strafzahlungen ab 2015 kam aber Bewegung auf. »Mehr als sich mancher CDU-Wirtschaftsminister vorstellen kann«, sagt ein Mittelständler und bekennt, dass er sich schon seit einiger Zeit lieber mit Umwelt- als mit Wirtschaftsministern austauscht. Aus dem Musterländle will Kretschmann ein Musterland machen: für grüne Produkte, für Energieeffizienz, für neue Mobilitätskonzepte, die mit weniger Autos auskommen statt mit immer mehr Autos. Die Reflexe funktionierten. Die Aufregung war groß, die CDU wetterte gegen diese »Kampfansage« an die Automobilindustrie. In den Folgejahren muss Kretschmann Dutzende Male erläutern, wie er das gemeint hat und was genau. Immerhin, auf die Wiederholung der provokanten Formel verzichtet er, und sei es auch nur um des lieben Friedens willen.

Schon wenn den Oppositionspolitiker Kretschmann der Hafer stach, problematisierte er nicht nur Baden-Württembergs riskante Abhängigkeit vom Export, sondern die von der Automobilindustrie genauso. Er stellte dann Vergleiche an: »Zu wenige Menschen wissen«, sagte er früher gern, »dass im Tourismus im Land mehr Menschen beschäftigt sind.« Das ist alles andere als ein Plädoyer gegen das Auto, aber es ist eine Mahnung, die Trampelpfade zu verlassen. Und das in einem Jahr, das noch die Vorgängerregierung aus Anlass des 125. Geburtstags der Erfindung eines gewissen Gottlieb Daimler zum Automobiljahr ausgerufen hatte. »Mobilität muss grün werden«, sagt der designierte Ministerpräsident 2011. Manchmal belässt er es dabei. Manchmal erläutert er, wie er zu diesen und anderen Aussagen kommt: »Ich habe eine naturwissenschaftliche Ausbildung, und deshalb gehört es zu meinen Prinzipien, dass ich mich immer zuerst um Fakten kümmere, bevor ich Urteile fälle.« Die Methode erspart es ihm praktischerweise auch, »sofort in Panik zu verfallen bei

Fakten, die einem nicht gefallen«. Lauter heiße Tipps vom Lehrer Kretschmann an den Regierungschef Kretschmann.

Kein Regierungschef der demokratischen Welt ist gehindert, ökologischen Worten Taten folgen zulassen. Im Kleinen, im Großen und im ganz Großen. Die EU hat sich eine Artenschutz-Strategie verordnet, die Vereinten Nationen haben das ganze Jahrzehnt unter die Überschrift »Biologische Vielfalt« gestellt, zum Beispiel, weil es – ein Grund von Dutzenden – nach Prognosen der UNO ohne Trendumkehr schon in 40 Jahren kaum mehr Fische in den Weltmeeren geben wird. 2012 müssen alle Staaten erklären, welchen Beitrag sie leisten können, um das weitweite Artensterben bis 2020 zu stoppen. In den Strategiepapieren ist aber nicht nur von staatlichem Handeln die Rede, sondern dazu vom Konsumenten, vom Einzelnen, vom letzten – und rein theoretisch mächtigsten – Glied in der Kette. Ohne den Verbraucher und sein kritisches Bewusstsein wird es wahrscheinlich unmöglich, mit Sicherheit aber wesentlich schwerer, neue Wege zu gehen, Gefahren noch rechtzeitig abzuwenden. Das Wort Katastrophe vermeidet Kretschmann lieber. Die Grünen, sagt er, sind mit einem Katastrophismus groß geworden, der viele abgeschreckt hat. Von der »Fünf Minuten vor zwölf«-Metapher hält er nichts: Wenn es nämlich fünf vor zwölf ist, dann schlägt's irgendwann zwölfe. Aber für diese Angst ist sein Gottvertrauen zu groß. Auch heute noch.

– 9 –

Regieren mit den Schwarzen

Nicht für die Schule, fürs Leben lernen

Das geht zu weit. Jetzt erweckt Winfried Kretschmann auch noch steinalte Vokabeln, die niemand mehr kennt, zu neuem Leben. Und schlag mich's Blechle, wie die Schwaben sagen, sie ziehen ihre Kreise. Was bitte heißt »konsentiert«? Es lässt sich ahnen: dass da nämlich ein Konsens hergestellt worden ist über etwas. Aber wozu der Griff in die semantische Mottenkiste? Will der Ministerpräsident ein Signal in die Welt aussenden, was er für ein konservativer Bildungsbürger ist? Der investigative Blick in den Duden gibt die Antwort. Ja, das gibt es: »Veraltet für akzeptieren, bejahen, einwilligen, zusagen, zustimmen«, steht da. Und kaum hat der Regierungschef es ein paar Mal in den Mund genommen zum Erstaunen seiner Zuhörer, da fangen einige schon an, es ihm nachzuschwätzen. So entstehen Sprachmoden, und wahrscheinlich war es Ex-Studienrat Kretschmann, der diese hier ins Rollen brachte. Es gab jedenfalls jede Menge zu konsentieren zwischen Grünen und den Schwarzen, den ungleichen Partnern in ihrer Komplementärkoalition, die (fast) keiner wollte, ehe sie beschlossen wurde.

Komplementärkoalition? Noch so ein verbales Ungetüm, das eines Lehrers eigentlich unwürdig ist, das er aber – immerhin – griffig erklären kann: zwei oder mehr ungleiche Partner werden zur Zusammenarbeit gezwungen, weil keine anderen Konstellationen möglich sind. Und schließlich, wird er nicht müde zu beteuern: »Irgendjemand muss ja das Land regieren.« Erst recht in Zeiten der AfD sollen sie aber ihren jeweiligen Markenkern schützen und andererseits so viele Schnittmengen herausarbeiten, dass eine tragfähige Basis für eine ganze Legislaturperiode entsteht, und in Baden-Württemberg ist das immerhin ein halbes Jahrzehnt. Wenn sie das hinbekommt, also alles Mögliche konsentiert, dann kriegt so eine Komplementärkoalition am Ende viele Komplimente!

Aber von Anfang an. Es stand keineswegs alles zum Besten in Baden-Württemberg, als CDU und FDP vor sechs Jahren von der Wählerschaft in die Opposition geschickt wurden. Der gesellschaftspolitische Nachholbedarf, war groß, der infrastrukturelle Sanierungsstau ebenso. Es gab Hochschulen mit Decken, durch die der Regen tropfte, und einen Schuldenberg von imponierender Höhe, und das im Land der Sparer und Pfennigfuchser, die auf die nicht übersetzungsbedürftige Bezeichnung »Entaklemmer« hören. Tradition war, es viele neue Projekte zu beginnen, gerade vor Wahlen und gerade im Straßenbau, um schöne Bilder voller Tatkraft von einer Baustelle zu liefern und die örtlichen Parteigrößen ruhig zu stellen – nur dass da und dort das Geld zur Fertigstellung bis heute fehlt. Der grüne Verkehrsminister Winfried Hermann war schon fast drei Jahre im Amt, als er einen Termin der Sonderklasse zu absolvieren hatte: In Bad Mergentheim wurde die Ortsumfahrung vollendet, ein Projekt, das Ministerpräsident Hans Filbinger Ende der Sechziger hatte in Angriff nehmen lassen.

In gar keinem guten Zustand sind auch viele Schulgebäude, der Städtetag rechnet mit einer Bugwelle von drei oder vier Milliarden Euro. Aufgelaufen ist die, weil über so viele Jahre an der falschen Stelle gespart und als Schulden nur die roten Zahlen im Landeshaushalt angesehen wurden. Die CDU zieht nach fünf Jahren Grün-Rot dennoch mit dem eher banalen Eingeständnis »Wir haben in 58 Jahren nicht alles richtig gemacht« in den Landtagwahlkampf. Und mit einem weitreichenden Reform-Rückabwicklungs-Versprechen, dass dann allerdings seinerseits rückabgewickelt musste – die krachende Niederlage gegen die Grünen entzog der Rollback-Strategie jede Legitimation.

Ein herausragendes Beispiel ist Stuttgart 21. CDU und FDP hätten Bahnvorstand und Aufsichtsrat, wären sie wie angestrebt wieder ans Ruder gekommen, mit großer Wahrscheinlichkeit die Hand gereicht, um gemeinsam Mehrkosten in Milliardenhöhe zu schultern. Im Koalitionsvertrag mit den Grünen musste die CDU in den sauren Apfel beißen und zustimmen, dass das Land bei seinem Nein zu weiteren Geldspritzen bleibt. Die zweite Kehrtwende müssen die Verlierer beim Lieblingsthema des deutschen Michel hinlegen, in der Schulpolitik. Ob die Stichworte Leistung oder Gerechtigkeit heißen oder Elite, oder ob es um Kampfbegriffe geht wie schlechte Lehrkräfte, Überfremdung, Gleichmacherei, überholte oder allzu modernistische Strukturen und Lerninhalte, Erziehungsideale, Elternrechte – auf keinem anderen Feld landespolitischer Zuständigkeiten verdichten sich Interessen und Ideologien derart.

Kretschmann ist Bildungsexperte. Er ist selbst Lehrer, und um ihn herum sind viele Lehrer und Lehrerinnen, die eigene Frau mit jahrzehntelanger Grundschulerfahrung, die Tochter im fernen Schottland, die beisteuern kann, was andere anders und besser machen. Und schließlich hat sein Vater Kinder aus vier Jahrgängen in einer Klasse unterrichtet, Anfang der Fünfziger Jahre auf dem Land. In den Achtziger Jahren entwickelte Kretschmann das Konzept der jahrgangsübergreifenden Klassen, um so Schulen in kleineren Gemeinden am Leben erhalten zu können. Zwergschulen hießen solche Einrichtungen. Gerhard Mayer-Vorfelder, 2015 verstorben und damals Lothar Späths dezidiert konservativer Kultusminister, immer auf dem Kreuzzug gegen alles, was nach links und 68er-Überbleibsel roch, war höchst angetan von diesem untypischen Grünen, musste sich aber noch einige Zeit sträuben, ehe er mitmachte. Kretschmann hatte gute Gründe für seine Idee. Am eigenen Leib hatte er in Sonderbuch auf der Schwäbischen Alb erlebt, wie Langsamere und Schnellere, Ältere und Jüngere sich gemeinsam entwickeln. »Zum Vorteil aller«, davon ist er überzeugt. Und die Wissenschaft gibt ihm recht.

Aber weil vor allem SPD und Grüne die Überzeugung vertraten, dass Kinder voneinander profitieren, dass sie fürs Leben lernen, wenn sie zusammen verschiedene Rollen und Stadien durchlaufen, wenn sie füreinander Verantwortung übernehmen, sich helfen lassen oder vorangehen, wenn sie verschiedene Voraussetzungen und Niveaus mitbringen, gehen die Schwarzen auf Gegenkurs. So entsteht eine Bunkermentalität, die aufs Separieren setzt statt auf Integration. So weit komme es noch, brüskiert eine CDU-Bildungspolitikerin aus Baden-Baden 2009 in Kiel auch die Gastgeber ihrer eigenen Partei, dass der Süden der Republik vom Norden lerne. Schleswig-Holstein ist aber de facto Aufsteiger und Baden-Württemberg ist Absteiger in jüngeren Bildungsvergleichsstudien. Nicht allerdings bei der Entkopplung von Herkunft und Abschluss, da ist der Südwesten schon Schlusslicht, seit es PISA gibt.

Scharfe Konflikte in der Bildungspolitik sind dem Grünen Kretschmann von Anfang an vertraut. Als er seine ersten Parlamentserfahrungen macht, hat die Republik gerade die erste große Schuldebatte der Nachkriegszeit hinter sich. Georg Picht, der Philosoph und Theologe aus dem Schwarzwald, hatte den Begriff »Bildungskatastrophe« erfunden und rüttelte mit alarmierenden Zustandsbeschreibungen Pädagogen und Politiker aller Couleur so sehr auf, dass die »Bund-Länder-Kommission für Bildungsplanung und Forschungsfragen« gegründet wurde, um mit wissenschaftlicher Begleitung Verbesserungsvorschläge zu erarbeiten. Einer davon klingt bis heute – jedenfalls im Süden und Südwesten – revolutionär, wurde seinerzeit aber mitgetragen von allen, sogar von der Union: Überall sollten Modellversuche zur Gesamtschule entstehen. Selbst Baden-Württemberg folgte dem guten Rat, was die CDU freilich bis heute komplett aus ihrem kollektiven Gedächtnis gestrichen hat.

Dabei war es Stuttgarts Kultusminister Wilhelm Hahn, ein vornehmer graumelierter Herr, aufgewachsen in Estland, der rechnen konnte wie ein Schwabe und als entschiedener Befürworter der Erprobung bundesweit die ersten Zahlen auf den Tisch legte. Allein in Baden-Württemberg müssten zweitausend Schulen umorganisiert und 18.500 neue Lehrer eingestellt werden, um den Herausforderungen gerecht zu werden, »und das kostet mehrere Milliarden Mark«. Noch ein Abschreckungsargument war geboren und dann drehte sich der Wind endgültig, als die SPD bundesweit mit den neuen bildungspolitischen Ansätzen punkten konnte. Ausgerechnet in NRW gelang es der CDU, ein Exempel zu statuieren, mittels einer bekanntlich immer wieder gerne als Kampfmittel eingesetzten Unterschriftensammlung, die – angesichts des großen Zulaufs – in das Volksbegehren »Stoppt das Schulchaos« mündete. Die Reform hin zum integrativen Unterricht, nicht zuletzt um Arbeiterkindern den Aufstieg zu erleichtern, war beerdigt. »Eltern können ebenso sensibel wie brachial sein«, weiß Kretschmann, »und vielen Eltern sind viele Mittel recht, wenn sie das Wohl ihrer Kinder in Gefahr sehen und verhindern wollen, was ihnen für sie nachteilig erscheint.« Politikern manchmal auch. Filbinger diskreditierte die Gesamtschule als »sozialistische Missgeburt«, und vielen einschlägigen Untersuchungen zum Trotz schaffte die CDU den integrierten Unterricht ab. Wer im Zorn zurückblickt, könnte argwöhnen, die gesellschaftliche Veränderung, die mit dem Bildungsaufstieg zehntausender Kinder und Jugendlicher im Südwesten verbunden gewesen wäre, könne unerwünscht gewesen sein.

Angeführt von Angela Merkels Parteivize Thomas Strobl hätte die Landes-CDU die fünf Jahre auf den harten Bänken der Opposition gerade zur bildungspolitischen Rundumerneuerung nutzen können und müssen. Zumindest zum Blick in die eigene Vergangenheit und auf Erfolgsmodelle anderswo hätte es reichen können. Die Zeit verstrich ungenutzt. Bis zum Wahltag wurden stattdessen zentrale Reformen der grün-roten Landesregierung erbittert bekämpft. Selbst davor, mit dem ultrarechten, homophoben und AfD-nahen Sammelbecken »Demo für alle« gemeinsame Sache gegen die neuen Bildungspläne zu machen, schreckten führende Schulpolitiker nicht zurück. Auch die Junge Union tat sich mit besonderem Elan hervor. Wenige Tage vor dem Urnengang versprachen Strobl und Spitzenkandidat Guido Wolf in einem Sofortprogramm für die ersten hundert Tage ihrer Regierung das Einlegen des bildungspolitischen Rückwärtsgangs. Selbst die Rufe von Arbeitgeberverbänden nach Schulfrieden, also der Hinnahme des status quo, hatten nichts gefruchtet. Die Niederlage war hart, die Konsequenz in der Bildungspolitik besonders schmerzlich. Nichts wurde aus der bürgerlichen Nostalgie. Stattdessen bestätigten Grüne und Schwarze rot-grüne Positionen, zum längeren gemeinsamen Lernen, bei den ohnehin längst in Kraft getretenen Bildungsplänen, sogar in Sachen Ganztags- und Gemeinschaftsschule. Und dann machte Strobl auch noch Stuttgarts Schulbürgermeisterin Susanne Eisenmann zur neuen Kultusministerin. Die hatte schon sechs Jahre gemeinsames Lernen in einer Grundschule gegen die eigene Parteilinie zugelassen, ist längst geoutet als aufgeschlossen für Reformpläne aus grün-rotem Geiste.

Im Schnellverfahren muss die CDU während der Koalitionsverhandlungen erkennen, welche fatale Auswirkungen es hat, auf keine belastbaren und vor allem finanzierbaren Konzepte aus der Oppositionszeit zurückgreifen zu können. Strobl setzt

Fachkommissionen ein, die als Untergruppen zur sogenannten Großen Runde alle landespolitischen Komplexe nacheinander abarbeiten müssen. Was aber die Leerstellen erst recht offenbart. Manchmal schleichen grüne Unterhändler an wartenden Journalisten vorbei, mit denen sie jedenfalls öffentlich nicht reden dürfen. Aber Blicke können mehr sagen als tausend Worte. Ein CDU-Regierungsprojekt nach dem anderen wird eingesammelt. So bleibt es beim nachhaltigen Jagdgesetz: Erst haben die Jäger in der Union ihre Mitjäger im Wahlkampf auf die Hochstände gejagt, jetzt müssen sie wieder runter. Es bleibt auch bei den Bildungsreformen, beim Straßenbaukonzept mit dem Schwerpunkt auf der Instandhaltung. Es bleibt dabei, dass das Land für Stuttgart 21 nicht mehr Geld herausrückt als früher zugesagt. Es bleibt beim Ausbau der Windenenergie und sogar beim Transgender-Aktionsplan. Als Winfried Mack, CDU-Vize in Fraktion und Partei, ein Papier vorlegt, in dem er für seine Partei den »inhaltlichen Führungsanspruch« erhebt, wird der Ministerpräsident einmal deutlich und spricht von einem »Pamphlet«. In der Regel aber gibt es nur Lob für die Fortschritte. Hinter den Kulissen bieten die Grünen dem künftigen Partner sogar Formulierungs- und Präsentationshilfe an – mehr Schmach ist kaum möglich. Kretschmann hat die Seinen im Griff. Und sich selber. Mit der Miene des alten Stoikers hört der alte und neue Regierungschef zu, wenn Strobl ein ums andere Mal verkündet, mit wie viel schwarzer Tinte der Koalitionsvertrag geschrieben sein wird. Wieder können Multiplikatoren und interessierte Öffentlichkeit die Wahrheit in den Tatsachen suchen und finden.

In diesen Wochen entwickelte Kretschmann die sprachliche Marotte mit dem »Konsentieren«, weil eine Politik der

Tabula rasa allein zur Agenda populistischer Parteien wie der AfD gehöre. Und er setzt sich ein neues Ziel. Aus dem notgedrungen intensiveren Umgang mit so vielen aus der CDU, die er erst jetzt richtig kennen lernt, weil sie ihn fünf Jahre lang nicht näher kennen lernen wollten, zieht er den Schluss, dass die Grünen gerade auf Bundesebene mit dafür sorgen müssen, die Reihen fest gegen rechts zu schließen. Natürlich ist der Integrations- und Flüchtlingspolitik im grün-schwarzen Koalitionsvertrag ein eigenes Kapitel gewidmet. »Offenherzig und realistisch in der Flüchtlingspolitik« will die neue Koalition sein, das Recht auf Asyl für politisch Verfolgte ist für sie »kein Gnadenakt, sondern ein Grundrecht«, und Menschen Zuflucht zu gewähren, deren Heimatländer von Gewalt und Konflikten betroffen sind, »ein Gebot der Humanität«. Die Kanzlerin, verlautet aus Berlin, soll sehr zufrieden gewesen sein mit diesen Passagen. Und beim Reizthema Obergrenze würde sie im Fall des Falles nach der nächsten Bundestagswahl mit einem schwarz-grünen Unterhändler Kretschmann ohnehin viel schneller zur einer konsentierten Position kommen als mit der hartherzigen Parteiverwandtschaft aus München.

– 10 –

Vorhang auf!

Wenn Reden unter die Haut gehen

Wer dem hohen Grad der Beliebtheit nachzuspüren versucht, der Besonderheit, die Winfried Kretschmann im deutschen Politikbetrieb darstellt, könnte fündig werden bei dem Auftritt, mit dem er im Februar 2011 erstmals den Machtanspruch erhob für seine Grünen in Baden-Württemberg. Vorsichtig, fast zurückhaltend, nach einem langen Arbeitstag mit schon damals übervollem Kalender: Telefonate, eine Rede im Stuttgarter Landtag zum Länderfinanzausgleich, ein Gespräch zum Thema Toto-Lotto, dazwischen am Manuskript feilen, ein Treffen mit dem Kirchenrat, Akten lesen, vorbereiten. Nicht mehr ganz frisch also kommt er abends im Stuttgarter Haus der Architekten die Wendeltreppe herunter, nicht eben federnd, schon damals leicht gebeugt. Er hat sich einiges vorgenommen und lässt es sich nicht anmerken. Die Besucher, an denen der Mann im hellgrauen Anzug vorübergeht, reagieren kaum auf ihn. Ein Gruß nach links, ein Gruß nach rechts. Da kommt kein Gockel, keiner mit durchgedrücktem Kreuz und großer Geste. Eher einer, der seine Kraft für anderes braucht.

Winfried Kretschmann redet gern. Alle in der Kaste reden gern, Angela Merkel ist eine sehr weit nach oben gekommene Ausnahme. Zu viele allerdings hören sich nur gern reden, und wieder andere reden lieber, weil ihnen das Zuhören schwerfällt. Den Grünen der ersten Stunde im baden-württembergischen Landtag – im Mai 1980 war das und Kretschmann einer von sechsen – blieb wenig anderes übrig, als ausdauernd den Rednern von CDU, SPD und FDP zu lauschen, den »Altparteien«, wie die Grünen die etablierten gern nannten. Es ist die Zeit, in der ein Chefredakteur im Land verfügt, ab sofort hätten Meldungen über die neue Partei auf Seite eins nichts mehr zu suchen. In der die Mitarbeiter der Fraktion, die noch nicht Fraktion hieß, sondern bloß den Status einer »Gruppe« besaß, in einige wenige Büros zusammengedrängt hocken und altgediente Abgeordnete ihnen den Handschlag verweigern.

Die fünf Männer und eine Frau kommen fast immer als letzte zu Wort. »Wir haben das Glück oder das Pech, dass wir in der Regel am Schluss, also dann sprechen können oder müssen, wenn das meiste schon gesagt ist«, sagt Kretschmann. Und: Wer lang genug zuhört, »hört aus irgendeinem Munde oft das, was er selber sagen wollte«. Die Grünen müssen zuhören, weil es für sie Ehrensache ist, den Plenarsaal während einer Debatte nicht zu verlassen. Wer wie Kretschmann »den Papageieneffekt« vermeiden will, muss schnell reagieren, etwas zu sagen haben und muss sich zugleich damit abfinden, dass seine Erwiderungen aus Zeitgründen lückenhaft bleiben.

»Danach dürfen Sie mich jetzt nicht fragen«, wird er noch 31 Jahre später sogar auf Pressekonferenzen sagen. Oder: »Das weiß ich nicht.« Oder: »Da muss ich mich erst sachkundig machen.« Ausführlichere Erklärungen aus dem Stand, zu denen nur wenige in der Lage wären – etwa in welchem Spannungsverhältnis ein Kopftuch-Verbot (»Kopftuch, nicht Burka!«) steht –, beginnt er gern mit einem Imperativ: »Das müssen Sie so sehen.«

Muss natürlich niemand, viele tun es aber. Auch an diesem Abend, als der künftige Regierungschef noch Spitzenkandidat ist und noch nichts ahnt davon, dass vier Wochen später ein Tsunami im fernen Japan ihn in die Villa Reitzenstein spülen wird. Immerhin, die Umfragen lassen eine Koalition aus Grünen und Sozialdemokraten als möglich erscheinen, allerdings eher Rot-Grün. Nils Schmid und seine schöne Frau Tülay werden sogar in den überregionalen Medien bereits wahrgenommen als potenzielles Regentenpaar und exemplarisch für ein neues, moderneres Baden-Württemberg. Aber vielen fehlt es noch schlicht an der Phantasie, sich auszumalen, dass jemand das Land regieren soll, der nicht von der CDU kommt. Seit 1953, ein Jahr nach Gründung des Südweststaates, waren ununterbrochen Christdemokraten Hausherren in der Villa in der Halbhöhe, und wieso sollte das jetzt anders werden?

Gerade deshalb hält Winfried Kretschmann einen ambitionierten Vortrag. Eine »My-way-Rede«, wie seine mit Öffentlichkeitsarbeit betraute Umgebung bedeutungsvoll raunt. Eine, die einen großen Bogen spannen soll und eine Aura schaffen. Oft genug platzt bei solchen Vorhaben bloß eine Seifenblase. Diesmal wird es anders sein. Der Hauptdarsteller bei diesem leicht verspäteten Neujahrsempfang der Stuttgarter Grünen im Februar 2011 ist enttäuscht, als er einen Blick in den großen Saal wirft: lauter Stehtische. Erwartet hatte Kretschmann eine normale Bestuhlung. Er zieht die Mundwinkel nach unten. Dabei wollte er doch, scherzt er, eine richtige Fidel-Castro-Ansprache halten. Unzumutbar für ein Auditorium, das nun nicht sitzen darf. Kretschmann tobt nicht, verlangt keine Umorganisation, knöpft sich keinen Verantwortlichen vor. Er stellt sich in die Schuhe seiner Zuhörerschaft und fügt sich. Dann schmunzelt er: »Ich glaube, ich habe einiges zu bieten.«

Das sei eine Grundsatzrede gewesen, die ihren Namen verdient, schreibt später die »Süddeutsche Zeitung«. Nur Leute, die immer etwas zu mäkeln haben, könnten das Fehlen konkreter Programmvorschläge bemängeln. Kretschmann nimmt sein Publikum mit in eine andere politische Welt. Das ist einerseits nicht schwer auf einer Veranstaltung der eigenen Partei. Und andererseits so fesselnd, dass langjährige Weggefährten am Ende fast ergriffen sind. Rezzo Schlauch zum Beispiel, der schon Mitte der Neunzigerjahre in Stuttgart Oberbürgermeister geworden wäre, hätte die SPD ihren Kandidaten nicht noch in den aussichtslosen zweiten Wahlgang geschickt. Jetzt, Monate vor dem Wahlgang, ist er sicher, dass »der Kretsch ein herausragender Regierungschef« sein kann: »Wie der ohne die ganzen banalen Politformeln auskommt, das geht unter die Haut.«

Banales ist Kretschmann fremder als anderen. Er sülze nie herum oder versuche, sein Publikum zu umgarnen, sagt Rudi Hoogvliet, bewährter Wahlkampfmanager der Grünen und seit 2011 als Regierungssprecher einer von Kretschmanns engsten Vertrauten. Kretschmann befasst sich auch an diesem Abend erstaunlich selten mit den politischen Gegnern. Er kann allerdings anstrengend sein. Vor allem, wenn seine Redeweise alles Beiläufige verliert, wenn er laut wird an Stellen, die den hohen Ton nicht hergeben. Manchmal kippt seine Stimme, ein Markenzeichen seit jungen Jahren, das sich auch im Alter nicht verliert. Viele, die ihn zum ersten Mal oder nur selten hören, reagieren enthusiastischer als jene, die diesen forcierten Predigerstil schon lange kennen. Früher, auf den oft heftig bewegten Landesdelegiertenkonferenzen seiner Partei, haben sich vor allem Jüngere über ihn lustig gemacht. Einmal wollte ihn einer vom Mikrophon wegschieben mit der Begründung, er wolle sich hier nicht im Großvaterton belehren lassen.

Kretschmann, die Reizfigur. Die ihrerseits damit haderte, dass die Grünen nach dem Vorbild der Altparteien so etwas angepasst Spießiges wie Redezeitbeschränkungen einführten. Nicht die Unterwerfung an sich war das Problem, sondern dass, egal bei welchem Thema, plötzlich auch für komplexe Gedanken und Argumente nur noch fünf oder sogar nur drei Minuten Zeit sein sollte. Daran gehalten hat er sich so gut wie nie, er kam fast immer mächtig in Fahrt und war nicht selten in der Gefahr, dass ihm die Tagungsleitung nach vergeblichen Mahnungen das Mikro abdrehte. Kaum im Landtag angekommen, klagte er schon, fünf Minuten Redezeit seien zu kurz, weil sie zwar reichten, ein Konzept madig zu machen, nicht aber, um eines ernsthaft zu bewerten oder gar ein eigenes darzustellen.

Kretschmann als Redner: Er tastet sich heran an Atmosphäre und Thematik. Mangel an Mut kann man ihm nicht vorwerfen, auch nicht im Parlament. Gleich zum Auftakt der achten (und seiner ersten) Legislaturperiode muss er ans Rednerpult, als CDU und FDP entgegen allen Usancen keine Geschäftsordnung verabschieden wollen, um erst einmal zu beobachten, wie sich die Grünen so verhalten im parlamentarischen Alltag, um ihnen gegebenenfalls Rechte zu streichen. Es bleibt beim Gruppenstatus, zwei Abgeordnete fehlen zur Fraktionsstärke. (Welches Glück für die Liberalen, dass die Geschäftsordnung später doch geändert und die Zahl von acht auf sechs gesenkt wird – sonst wären nach dem 27. März 2011 die sieben wackeren Abgeordneten der Schrumpf-FDP in ihrem einstigen Stammland keine Fraktion mehr gewesen.)

In seiner allerersten Rede im Landtag von Baden-Württemberg ging es Kretschmann schon um einen fairen, menschlichen Umgang. Und um das Rederecht als vornehmstes Privileg des Parlamentariers. Er erinnert sogar an die in anderen Parlamenten gegebene Möglichkeit zu filibustern, Endlosreden zu halten. Dabei fasst er sich selber anfangs eher kurz. Über den geplanten Bau der Fildermesse südlich der Landeshauptstadt und die damit verbundene Vernichtung hochwertiger Ackerflächen, ein bedeutsames Thema für die Grünen, verliert er genau acht Sätze, die freilich länger im Gedächtnis bleiben als viele andere Beiträge.

Eifer, Aufregung, Leidenschaft lassen Lautstärke und Halsschlagader anschwellen. So wie damals, als er sich aufregte in einer Plenarsitzung wie bis dahin noch nie, wegen des Versuchs der CDU, »Atomkraftgegner als Luxusprotestler hinzustellen, die ihren Protest auf dem Rücken der Länder der Dritten Welt austragen«. 28 Jahre später liest sich das wie eine Bewerbung für die Ethikkommission der Kanzlerin zur Kernkraft. Er zitiert, er schlussfolgert, er mahnt vor allem bei der Union Demut, Maß, Mitte und Bescheidenheit an, er rügt Hybris, Maßlosigkeit und Hoffart. Ganz und gar nicht abfinden will er sich mit dem matten Argument der Atomkraftbefürworter, schließlich seien sie keine Kernphysiker. Er mutet sich und dem Publikum einiges zu: »Ich kann Sie nicht überzeugen, das ist nicht meine Hoffnung und nicht mein Glaube, wenigstens nicht in absehbarer Zeit. Ich kann nur versuchen, Ausführungen zu machen, damit Sie wenigstens unser Handeln besser verstehen. Das ist vielleicht der letzte Rest von Achtung, den man diesem Parlament gegenüber erbringen muss, dass man den anderen anhört, um sein Handeln wenigstens zu verstehen, wenn man es schon nicht billigt.« Das war im Oktober 1982.

71 Mal erhält der Abgeordnete Kretschmann in seinen ersten vier Jahren im Plenarsaal das Wort: Mietrecht und Toto-Lotto, Bildungs- oder Energiepolitik natürlich, Waldsterben, Dorfschule, Frauenperspektiven und Straßenbau. Der Generalist muss sich rasch entwickeln, weil die Vielzahl der Themen in einer so kleinen Gruppe nicht auf so viele Schultern verteilt werden kann. Die Grundlage ist gelegt. Der Stil des Auftritts wird sich im Laufe der Jahre kaum verändern. Vergnügungssteuerpflichtig, wie es gern im Politjargon heißt, wird das Zuhören nicht. Seine Erfahrung wächst, aber auch gut 500 Reden im Parlament lassen nie den Eindruck von routiniertem Abspulen entstehen. Kretschmann, der Vollblutpolitiker. Bei seiner letzten Landtagsrede in der Opposition hat das Atomkraftthema durch die Katastrophe in Japan eine neue Dimension erreicht, und Kretschmann bemüht, was er sehr selten tut, persönliche Erinnerungen. Der Super-GAU in Tschernobyl fiel genau in die Zeit, in der er nicht im Land-

tag saß, sondern sich von Joschka Fischer für das hessische Umweltministerium hatte anheuern lassen. »Wir sahen uns herausgefordert, mit den panischen Ängsten der Bevölkerung und mit den Auswirkungen der radioaktiven Wolke umzugehen«, berichtet er. »Wir waren teilweise wirklich überfordert, Ratschläge zu geben, wenn gefragt wurde: Darf man nach draußen gehen? Dürfen die Kinder in die Sandkästen?« Für ihn ist die Konsequenz aus Fukushima klar: »Den Begriff Restrisiko müssen wir im Zusammenhang mit der Risikotechnologie Atomkraft aus unserem Repertoire streichen.«

Ein einziges Mal applaudieren anhaltend selbst Abgeordnete einer der beiden Regierungsfraktionen. Es ist das Jahr 2000. In den ersten sechs Monaten hat die Polizei bundesweit 5223 antisemitische, fremdenfeindliche und rechtsextremistische Straftaten gezählt – fast dreißig pro Tag, darunter der Brandanschlag auf die Synagoge in Düsseldorf, der Übergriff auf die Gedenkstätte im ehemaligen Konzentrationslager in Buchenwald, der Anschlag auf den jüdischen Friedhof in Schwäbisch Hall-Steinbach. Baden-Württembergs Landtag debattiert eine »gesamtgesellschaftliche Strategie zur Eindämmung der Gewalt von rechts«. Die Republikaner haben vier Jahre zuvor zum zweiten Mal den Einzug ins Parlament erreicht, ihr Fraktionschef Rolf Schlierer beklagt, die anderen machten nur Wahlkampf gegen seine Partei. Kretschmann, noch ein einfacher Abgeordneter, knöpft sich den Rechtsaußen vor: »In einer Situation, in der ein Ruck durch Deutschland geht, weil Brandanschläge auf Synagogen verübt werden, weil Brandanschläge auf Asylantenheime verübt werden, in der Leute gejagt und totgeschlagen werden, in solch einer Situation sprechen Sie von einer hysterischen Diskussion. Dies sagt, finde ich, schon alles.« Eine Rede aus dem Stegreif. »Marxistische Dialektik«, empört sich Schlierer. Kretschmann kontert ausnahmsweise kühl, spricht von der »widerwärtigen Demagogie, die Sie heute hier vorgeführt haben«, und die zeige, »dass Sie tatsächlich geistige Brandstifter sind«. Das Protokoll verzeichnet Applaus bei den Grünen, der SPD und bei der FDP. Freuen kann sich Kretschmann nicht.

Prinzipientreue ist über all die Oppositionsjahre wesentliche Triebfeder geblieben. Kretschmann war nie Rhetor, kein Volkstribun, keiner, der mit spitzfindigen Formulierungen spielt. Stattdessen ist er authentisch.

Jetzt also steht er im Haus der Architekten, vor der zu klein geratenen grünen Saaldekoration und beginnt – was selten vorkommt und seine Anspannung unterstreicht – mit einer Verlegenheitsgeste. Er begrüßt die Zuhörer und kratzt sich an der Nase. Bald ist die Nervosität verflogen. Er spricht von der Chance zum Wechsel nach 30 Jahren Opposition, vom Vertrauen als wichtigster Ressource in der Politik, von der Ressourcenknappheit als Motor für Innovationen, vom Parlament, das in Baden-Württemberg zu einem Anhängsel der Regierung geworden sei, das durchwinke, anstatt Alternativen aufzuzeigen.

Der Spitzenkandidat kommt zügig in Fahrt. Und tut, was er in den Wochen des Vorwahlkampfs noch nie getan hat, trotz hoher und noch höherer Umfragewerte: Er dokumentiert seinen Machtanspruch in der Wortwahl. Er sagt: »Genau das werde ich machen.« Zum Beispiel nachvollziehbare Maßstäbe formulieren, etwa wenn es um Windkraft geht: »Man kann keine Anlage im Keller bauen. Wen das ästhetisch stört, dem müssen wir sagen, dass wir dieses Argument nicht akzeptieren können, weil Klimaschutz der richtige Maßstab ist.« Bei Konflikten werde es auch Verlierer geben, weil er als Ministerpräsident das Land »nicht zum größten Debattierclub aller Zeiten in Europa« zu machen gedenke. Was er verspricht, ist seriöser Umgang mit der Bürgerschaft, weil es »ein großer Unterschied ist, ob man in einem fairen oder in einem unfairen Wettbewerb unterliegt«. Konzentriert hat das Publikum gelauscht. Parteifreunde saugen für den Wahlkampf in Fußgängerzonen und Hinterzimmern Argumente auf, manche, nicht nur die anwesenden Journalisten, schreiben mit, andere hören staunend zu. Längst spricht weniger der Politiker und mehr der Pädagoge. Es kommt nicht immer gut an, wenn Kretschmann die Grenze dazwischen verwischt. Diesmal ist der Erfolg durchschlagend. »Wir sind in einer Situation, in der es richtig und wichtig ist, sich der eigenen Prinzipen und Ziele zu vergewissern und sie offenzulegen«, sagt er. Niemals würde er sagen: Wir wollen an die Macht. Aber er will, so sehr wie noch nie in seinem Leben. Alle im Saal haben die Botschaft verstanden.

Fünf Jahre später, nach fünf Jahren Regieren mit der SPD, kehrt er, wieder im Wahlkampf, an den Ort des Geschehens zurück. Aber der alte Zauber will sich hier im Haus der Architekten 2016 nicht mehr einstellen. Eine neue Partei wird in den Landtag kommen, das wissen alle schon, und Grün-Rot wird keine Mehrheit mehr haben fürs Weitermachen. Ein paar Wochen später steht die grün-schwarze Koalition. Und Kretschmann, der alte und der neue Chef, sagt ein ums andere Mal: »Wir haben das nicht gewollt. Jetzt machen wir das, was gemacht werden muss.«

Seine Fähigkeiten als überzeugender Redner will er nutzen, um die gemeinsamen Vorhaben zu erklären, gerade mit Blick auf die Bundestagswahl, aber auch, um der brandgefährlichen Strahlkraft der Rechtspopulisten – Rechtsnationalisten, wie er sagt – zu begegnen. Seine Grünen sieht er als stärkste Kraft in einem starken Land in einer besonderen Verantwortung, nicht zuletzt, weil Wahlforscher längst herausgefunden haben, dass sie im März 2016 selber rund 70.000 Wähler und Wählerinnen an die selbsternannte »Alternative für Deutschland« verloren haben. »Aber für die übergroße Mehrheit in diesem Land gilt noch immer, wir haben aus unsere Geschichte gelernt, denn 85 Prozent haben nicht AfD gewählt«, erinnert er. Der Applaus klingt oft irgendwie erleichtert. Und ein Kernsatz zur Aufgabe, die Sprache erfüllen muss, findet über twitter oder facebook sofort den Weg durchs Netz: »Wir reden nicht mehr von Krüppeln, von Irrenhäusern und von Negern, sondern in einer Wortwahl, die die Würde von Menschen beachtet.« Dabei müsse es bleiben, mehr denn je. Jetzt, wo Hetzer hundert- oder gar tausendfach und vor allem in den sogenannten sozialen Medien aus Merkel »Ferkel« machen, aus Hillary »Killery« und aus der Bundestagsvizepräsidentin Claudia Roth »die Warze«. O-Ton Hannah Arendt: »Alles Denken fängt mit der Alltagssprache an und entfernt sich von ihr.«

– 11 –

Glaube, der befreit

Erlösungsfantasien und Essen mit Messer und Gabel

Anfang September 2016, in Rom. Gleich wird sich Winfried Kretschmann niederlassen zur Pressekonferenz auf dieser Terrasse mit dem atemberaubenden Blick auf den Petersdom. Unten auf dem Platz wird Donovans »Brother Sun and Sister Moon« aus dem Film über Franz von Assisi geprobt für die Heiligsprechung von Mutter Teresa in zwei Tagen. Der Ministerpräsident kommt gerade von der Audienz unter vier Augen mit Papst Franziskus. Mehr geht nicht. Ein paar »Vaticanisti« sind da, tatsächliche oder selbsternannte Auguren, die beispielsweise zählen, wie viele Minuten ein Besucher beim Papst sein durfte. Eine der Anekdoten erzählt von einer Delegation aus der argentinischen Heimat des Pontifex, die er so schnell wieder aus dem Apostolischen Palast komplimentierte, dass sie erst einmal heimlich ein paar Runden drehte, damit die mitgereisten Medienvertreter die

Peinlichkeit nicht mitbekamen. Angela Merkel wiederum sprengte den vom Protokoll vorgegebenen Terminkalender. Nicht ohne Stolz, berichten Augenzeugen, denn der Heilige Vater mochte sie gar nicht mehr gehen lassen: Die Bundeskanzlerin genießt wegen ihrer Flüchtlingspolitik hohes Ansehen im Vatikan.

Kretschmann war konzentriert und sogar nervös gewesen vor dem Treffen. Nicht aus Angst, etwas falsch zu machen, sondern im Bemühen, die knappe Zeit bestmöglich zu nutzen. Am Tag zuvor, dem Tag der Bewahrung der Schöpfung, hatte er mit Gattin Gerlinde an der vom Papst gehaltenen Vesper, dem liturgischen Abendgebet im Vatikan, teilgenommen. Ein Franziskaner hatte gepredigt, und dabei aus aktuellem Anlass auch die Frage aller Fragen nach dem gütigen und allmächtigen Gott der Christen gestellt: Wo Gott denn war während des Erdbebens in Amatrice? »Bei den Leidenden«, hatte der Prediger sich selber die Antwort gegeben. Gott habe die Welt nicht programmiert und deshalb keinen Einfluss auf die Bewegung von Materie. Eine theologische Sicht der Theodizee, die Kretschmann nicht fremd ist.

Den Grünen aus Deutschland macht sein Glaube »frei und heiter«. Widersprüche und Zweifel in solchen religiösen Kernfragen sind seine Sache nicht. Auf der Pressekonferenz macht er jetzt stattdessen kein Hehl aus der großen Bedeutung, die die Begegnung mit Franziskus, dem Papst aus Lateinamerika, für ihn hatte. Dankbarkeit für den Gedankenaustausch empfindet er, und er sagt: »Die katholische Kirche kann sich glücklich schätzen, einen so wachen und aufmerksamen Papst zu haben, der alles verfolgt, was in der Welt passiert.«

Alle deutschen Ministerpräsidenten fahren irgendwann in den Vatikan. Ihren Ländern räumt der Kirchenstaat, weil sie die kirchenrechtlichen Partner sind, den Rang von Staaten ein, und ihre Regierungschefs stuft er protokollarisch entsprechend hoch ein. Kretschmann ist einmal mehr in seinem Glauben bestärkt. Und natürlich auch in seiner liberalen Flüchtlingspolitik. Annette Schavan, Duzfreundin aus früheren Tagen im baden-württembergischen Landtag, inzwischen Botschafterin am Heiligen Stuhl, kommt zügig aufs C zu sprechen, das ihre Partei im Namen trägt und dem sich der Grüne mehr verpflichtet fühle als so mancher in der Union: »Würden wir alle, besser noch alle Christen weltweit, zusammenstehen, hätten wir den größten Einfluss überhaupt.«

Daheim in Laiz führen vom Wohnhaus der Kretschmanns nur 67 Stufen hinauf zur Kirche St. Peter und Paul. Die ist seit fast einem halben Jahrtausend Wallfahrtskirche, ihre Fundamente sind möglicherweise älter als der Wiener Stephansdom. An der Fassade prangt überlebensgroß ein gemalter St. Christophorus, auf seinen Schultern als Knäblein der Gottessohn, den er sicher durch einen Fluss trägt. Früher gab es in Laiz eine Furt der Donau. Der später so mächtige Strom ist hier, eine Autostunde von seiner Quelle entfernt, nur ein Bach. Wenn er über das flache Ufer trat und alles überschwemmte, und das tat er oft, riefen die Laizer St. Christophorus um Hilfe an. Der Ministerpräsident, der im Schatten dieser Kirche lebt, ist fromm, sehr fromm sogar. Gern nennt er sich einen in der Wolle gefärbten Katholiken. Wer mit ihm darüber zu debattieren versucht, kann erleben, dass er mit spürbarer Begeisterung von Gott und der Heiligen Schrift spricht und dann ausruft: »Das glaube ich eben!« Selbst als er Anfang der Siebzigerjahre, während seiner Zeit im Kommunistischen Bund Westdeutschlands, vorübergehend die Kirche verließ, geschah das nicht etwa, weil er vom Glauben abgefallen wäre. Sondern eher in zeitversetzter Auflehnung gegen seine Erlebnisse Jahre zuvor im Internat der Redemptoristen in Riedlingen. Heute zählt er sie zu den schlimmsten seines Lebens. Viel zu vieles drehte sich dort um Zwang und Gehorsam. Als autoritär und lieblos streng sind ihm Erzieher in Erinnerung, und dass der für die fast dreihundert Schüler zuständige Pater Präfekt wegen einer Lappalie einen seiner Schutzbefohlenen blutig schlug, entsetzt Kretschmann bis heute. Mit sechzehn verließ er dieses Internat, und den ursprünglichen Wunsch der Eltern, er möge Theologie studieren und Priester werden, erfüllte er nicht. Aber: »Es gab für mich immer Brücken zu Gott. Gott bewegte mich immer.«

Weite Teile des grünen Anhangs, zumal die urbane Latte-Macchiato-Fraktion oder die IT-Freaks, die Designer und Werbemenschen, die das Thema Religion hinter sich gelassen haben wie Puppe und Spielzeugeisenbahn aus Kindertagen, würden nicht schlecht staunen, wenn sie Kretschmann über seinen Glauben sprechen hörten. Da redet einer, dem Gott so selbstverständlich ist wie die Jahreszeiten und der Sonnenaufgang. Als die »Financial Times« ihn vor Jahren nach der besten Investition seines Lebens fragte, erwiderte er ohne Umschweife: »Meine Taufe. Sie öffnet mir das Tor zum ewigen Leben.« In Sachen Religion wird der eigensinnige Querdenker zum Traditionalisten, der in seinen Lebenslauf den fanfarengleichen Satz schreibt: »Die Familie lebte den ganzen Reichtum eines Kirchenjahres.«

Natürlich wäre er nicht Winfried Kretschmann, versuchte er diese Haltung einer fast kindlich zu nennenden Einfalt nicht argumentativ abzusichern. Vorrangig mit dem Hinweis, dass Glaube eben kein Wissen sei, dem reinen Verstand, erst recht der Naturwissenschaft mit ihrem Fragen nach Ursache und Wirkung unzugänglich. In einem naturwissenschaftlich begründeten Atheismus sieht er keinen ernstzunehmenden Einwand, sondern das abschreckende Beispiel eines frivolen Übermuts, der die Zuständigkeiten und Kompetenzen echter Wissenschaft weit überschreitet. Die Leerstellen, die Vernunft und Wissenschaft offenlassen müssen, und dankbares Staunen darüber, dass nicht nichts ist – schon damit tun sich für ihn zwei gut begehbare Wege auf, die Annäherung an eine höhere Wirklichkeit ermöglichen. Und er ist entschieden dagegen, Religion abzudrängen ins Private, ins stille Kämmerlein. Auch der gläubige Lehrer sollte das nicht tun: »Wenn meine Schüler nicht merken, dass ich Katholik bin, habe ich etwas falsch gemacht.«

Theologischer Dogmatismus in Einzelfragen ist ihm fern. Noch fremder aber das Trachten, menschliche Vorstellungen von der Natur dieses rätselhaften Wesens namens Gott zu entwickeln und sie obendrein auf ihre Schlüssigkeit hin abzuklopfen. Das, davon ist er überzeugt, kann nur scheitern. Vielmehr geht es ihm um Sinn und Symbol und um Erzählungen, die den Horizont des Menschen weiten und ihm obendrein helfen, mit dem existenziellen Rätsel des Lebens und zugleich seinen praktischen Problemen besser zurechtzukommen.

Glauben an Gott, das heißt bei Kretschmann: ein »Urvertrauen in das Gute« haben und fest darauf bauen, »dass Gott die Welt nicht untergehen lässt.« Gott einerseits als unfassbar und transzendent zu bezeichnen, ihn andererseits mit dem menschlichen Sehnsuchtsprinzip der Liebe in Verbindung zu bringen und ihm sehr direkte Eingriffe in menschliches Dasein zuzuschreiben, damit hat der Politiker gar kein Problem. »Die über 2000 Jahre alten Schöpfungsgeschichten der Bibel sagen: Gott hat die Welt erschaffen und den Menschen nach seinem Bild. Das bedeutet: Das Ganze ist gut und hat seinen Sinn«, so umreißt Kretschmann seine metaphysische Harmonielehre. Glaube stiftet Sinn – kann das, so seine freilich nur rhetorische Frage, etwa auch die Evolutionstheorie?

Kurzum, Glaube ist für ihn eben ganz ähnlich wie für zahllose Mitmenschen gleich einem Kleid: Das trägt man, es umhüllt und wärmt, gehört aber nicht in Frage gestellt; wer es nicht anziehen mag, soll es bleiben lassen. Da tönt leise immer eine Verwunderung über die Torheit jener mit, die lieber nackt und bloß dastehen, als in das hingehaltene Gewand zu schlüpfen. Solchen Skeptikern und Neinsagern bietet Kretschmanns ebenso vages wie entschiedenes Credo kaum eine Angriffsfläche. Ihn beschäftigt eben weniger, ob der Glaube »wahr« ist, als vielmehr, wozu er gut ist. Womit er sich in zahlreicher Gesellschaft befindet, im Hauptstrom einer Mehrheitsüberzeugung, wonach die Substanz von Religion nicht im Für-wahr-Halten von Glaubenssätzen besteht, sondern darin, dass sie elementare menschlicher Bedürfnisse nach Schutz und Trost, nach Orientierung und Tragekraft erfüllt. Glaube als St. Christophorus eben.

Immerhin ist dem langjährigen Mitglied des Zentralkomitees der deutschen Katholiken (ZdK) und dem engagierten Mitglied des Diözesanrats Freiburg wichtig, dass Religion und

Vernunft nicht als im Widerstreit stehend angesehen werden. Dass das Christentum durch das Fegefeuer der Aufklärung ging und überlebte, erfüllt ihn mit Stolz und Genugtuung. Hierin jedenfalls ist der Grüne dem Denken des vormaligen Papstes sehr nahe. Auch Joseph Ratzinger hat sich ja ein Theologenleben lang darum bemüht – und dieses Bemühen einst gipfeln lassen in einem öffentlichen Zwiegespräch mit Jürgen Habermas –, Religion und Wissenschaft als versöhnte Geschwister vorzustellen. Indessen zeigt Kretschmanns Wortwahl, wofür im Zweifelsfall sein Herz schlägt: »Wer glaubt, dass jede Transzendenz aus der Schule muss, dem bleibt nur kalter Rationalismus.«

Im Übrigen aber nimmt er kein Blatt vor den Mund, wenn er sich über Fehltritte und Defizite seiner Kirche äußert. »Dogmen lasten wie ein Alb auf unseren Gläubigen«, sagt er beispielsweise und wundert sich, warum in der katholischen Kirche so viel Angst herrscht, dass alles Mögliche ins Rutschen käme, wenn erst einmal irgendwo an einer Stelle den Modernisierungs- und Liberalisierungswünschen nachgegeben würde. Der Mann aus Laiz, Mitglied auch im Kirchenchor seiner Pfarrgemeinde, möchte aber genau das: mehr Ökumene und Pragmatismus, weniger Beharren auf alten Festlegungen, die nicht zur Essenz des Glaubens gehören. Der Zölibat ist so ein Beispiel. Die katholische Kirche als Priesterkirche treffe es in ihrem innersten Kern, wenn ihr das Personal ausgeht. Oder die Benutzung von Kondomen: Die hat »mit der Nachfolge Christi so viel zu tun wie die Frage, ob man mit Messer und Gabel isst oder mit den Händen.«

Seinerzeit ist er mit Ratzinger über Kreuz geraten in Sachen Homosexualität. Gleichgeschlechtliche Lebenspartnerschaften hatte der als »böse« Verirrungen beschrieben und an alle christlichen Politiker in Deutschland appelliert, sich gegen entsprechende Gesetzesinitiativen der damaligen rot-grünen Bundesregierung zur Wehr zu setzen. Homosexualität, konterte Kretschmann öffentlich (und nicht in Übereinstimmung mit zahlreichen Bibelstellen), sei eine normale, in der Regel unveränderbare Variante der menschlichen Sexualentwicklung und verstoße mithin nicht gegen das Sittengesetz. Solche Partnerschaften könnten zudem keinesfalls die Ehe entwerten. Homosexuelle dürften nicht ausgegrenzt werden, und katholisch sein heiße doch wohl: Die Frohe Botschaft Jesu gilt für alle.

Dieser Jesus Christus ist aus Kretschmanns hier ziemlich lutherisch akzentuierter Sicht »das Haupt der Kirche, nicht etwa der Papst, ein Bischof oder sonst irgendwer.« Und im Übrigen ist dieser Jesus, als Erfinder des Liebesgebots, sein Hauptmotiv, in der Kirche zu sein. Eben deswegen hat er damals vor dem Wiedereintritt seinen Frieden mit der Institution machen können, »und zwar radikal mit alldem, was einem nicht passt.« Deshalb hält er von dem Motto »Jesus ja, Kirche nein« gar nichts. Das ist für ihn »ein blöder Spruch«. Denn: Christ ist man in einer Gemeinschaft, oder noch schärfer: »Ohne Kirche kann man kein Christ sein.«

Nicht von ungefähr also ist Kretschmann seit dem Jahr 2000 einer der namhaften Politiker, die im Zentralkomitee der deutschen Katholiken, der obersten und überdiözesan organisierten Laienvertretung, mitwirken. Und nicht von ungefähr hatte ihm der Zdk-Präsident, der CDU-Politiker Sternberg im Mai 2016 zur Wiederwahl als Ministerpräsident gratuliert: »Sie stehen wie kaum ein zweiter für die Verbindung und Integration der vormals unvereinbar erscheinenden Sphären der grünen Bewegung und der katholischen Kirche. Es ist gut, dass Ihre Stimme auch in den Debatten über die Bedeutung und den Stellenwert von Religion in einer pluralen Gesellschaft deutlich zu hören ist.« Sternberg erinnerte auch gleich daran, dass Kretschmann zwei Wochen später am 100. Deutschen Katholikentag in Leipzig mit einem biblischen Impuls zur Schöpfungsgeschichte mitwirken würde.

Er, der die Kirche in Einzelfragen scharf kritisiert, ist in den wichtigeren, den prinzipiellen ganz der treue Sohn. Kirchen sind für ihn nicht eine, sondern die tragende Säule unserer Zivilgesellschaft, sie bleiben wichtig und bedeutsam gerade in der säkularen Moderne. Überhaupt glaubt er, die Welt werde immer christlicher: »Ich mache mir keine Sorgen um das Christentum. Es ist ein Selbstläufer, weil die Menschen nach Frieden, Gerechtigkeit und sozialem Miteinander streben.« Die ganze bundesdeutsche Verfassungsordnung sei christlich durchwirkt: Den Leitsatz der Grundgesetzpräambel von der Unantastbarkeit der Würde des Menschen sieht er abgeleitet von der Gottesebenbildlichkeit, auch im Sozialstaatsprinzip oder dem allenthalben akzeptierten Gebot, die Schöpfung zu bewahren, sieht er Erfolge des Evangeliums.

Keinerlei Probleme hat Kretschmann ferner mit Theologischen Fakultäten an Universitäten und auch nicht, wie schon angedeutet, dem Religionsunterricht an Schulen. Die Begründung fällt einigermaßen dialektisch aus: Nur ein Glaube, der mitten in der Gesellschaft steht und sich im Dialog mit der Moderne bewähren muss, entgeht der Gefahr, fundamentalistische und sektiererische Tendenzen zu entwickeln. Deshalb sind solche staatlich garantierten kirchlichen Privilegien nicht zu tadeln. Im Zweifel ist das Glas für den notorisch zuversichtlichen Pragmatiker immer eher halb voll als halb leer. Toleranz ist ihm wichtig und ein weites Herz und Skepsis gegenüber überhöhten Erwartungen und Verheißungen eines der obersten Gebote. Dass Kirchenzugehörigkeit heutzutage nahezu keine Rolle mehr spielt, nicht mal im früher gern so genannten erzkatholischen Oberschwaben, wenn einer Bürgermeister werden will, das findet er ganz in Ordnung und jedenfalls gar kein Unglück. Eine Partei, sagt er, kann ja sowieso nicht in die Nachfolge Christi eintreten. Und landet einmal mehr bei seinem Mantra von den Erlösungsfantasien, von denen der Mensch lassen muss – seine traumatische Erfahrung aus der Zeit beim KBW vor vierzig Jahren lässt ihn nicht los. So tief scheint sie zu sitzen, dass er gar nicht bemerkt, wie sehr in dieser bunten, vor lauter Pluralität eher rat- und kompasslosen bundesdeutschen Gesellschaft das Totalitäre aus der Mode gekommen ist und mit ihm der Typ des Weltenretters. Aber der fromme Oberrealo sieht das offenbar etwas anders und hinreichend Anlass für eine mahnende Feststellung wie diese: »Erlösung ist etwas für den Erlöser. Davon gibt es für Christen nur einen, und der sitzt im Himmel.«

– 12 –

Die Integration und die eigene Vita

Auf dem roten Teppich auch mit Jogi Löw

So viele Zuschauer hatte er noch nie in seinem Leben. 4,5 Millionen sehen Winfried Kretschmann bei drei Minuten Arbeit zu. Der Grüne auf ganz ungewohntem Parkett: Bei der Bambi-Verleihung an diesem 27. November 2016 in Berlin hält Baden-Württembergs grüner Ministerpräsident die Laudatio auf seinen Landsmann Jogi Löw, der die glamouröse Auszeichnung für das Thema »Integration« erhalten hatte. Eine heikle Aufgabe und zugleich eine Chance, vor so vielen Leuten etwas rüberzubringen, was ihm am Herzen liegt. Unter tätiger Mithilfe der zuständigen Abteilung in seinem Staatsministerium tüftelt der 68-Jährige, in dem der Fußball-Fan und Anhänger des VfB Stuttgart nicht so ohne Weiteres zu vermuten ist, zwei Wochen an seiner Rede. Dann: Smoking, Schleife und der Ehrenplatz am Tisch des Veranstalters Hubert Burda. Der »Tatort« gehört eigentlich nicht zum üblichen Sonntagabendritual im Hause Kretschmann. Am Wochenende zuvor allerdings hatte er in Laiz diese Sendung geguckt, die tausendste Folge, mit Maria Furtwängler in der Hauptrolle, der Gattin des Offenburger Verlegers.

Seine Welt ist das nicht. So wenig wie der rote Teppich und der grüne Zweisitzer aus dem Hause Daimler-Benz, der in weniger als vier Sekunden auf hundert Stundenkilometer beschleunigt. Kretschmann hat aber Augen für die Stars und Sternchen, amüsiert sich über die »Dekolleté-Parade« und darüber, wie sich viele Promis in Pose schmeißen fürs Foto. Zwei Stunden später nutzt er seinen Auftritt, um der Hetze gegen Ausländer und Flüchtlinge entgegenzureden. Er wirbt für ein »friedliches und freundliches Zusammenleben«, zitiert Löw mit seinem Konter nach der AfD-Hetze gegen Jérôme Boateng, dass es gut ist, einen Nachbarn zu haben wie den gebürtigen Berliner, vor allem in der Abwehr. Das Video von Kretschmanns in munterer Tonlage vorgetragenem Appell an die deutsche Gesellschaft, sich die so erfolgreiche Fußballnationalmannschaft in Vielfalt doch als Vorbild zu nehmen, steht inzwischen im Netz. Zu sehen ist da auch, wie gebannt ihm das Auditorium zuhört, Mario Adorf zum Beispiel oder eben Maria Furtwängler. Und wie politisch Löw seine Danksagung anlegt: »Ich freue mich, wenn man unsere Mannschaft als Musterbeispiel der Integration sieht (…) Akzeptiert euren Nachbarn genauso, wie jeder Spieler seinen Mitspieler akzeptiert und respektiert, als Mensch und Freund und als jemand, der anders ist, und lassen Sie uns alle zu einer deutschen Integrationsmannschaft werden.« Denn dann sei der Preis »am Ende ein Preis für uns alle«.

Die C-Junioren des FC Laiz 1919 spielen im Spätherbst 2016 um die Tabellenführung, sind erster, mal zweiter, aber immer oben dabei in ihrer Bezirksstaffel im Bezirk Donau. Der Ministerpräsident hat außerhalb der Parlamentsferien nur sehr wenige wirklich entspannte Stunden daheim, aber im Fußball kennt er sich auch vor Ort aus. Und er freut sich über das Ansehen der Jungs aus Flüchtlingsfamilien, »nicht nur weil sie gut spielen, sondern weil sie als Bereicherung gesehen werden«. Nicht erst seit seiner Bambi-Rede plagt er sich mit der Frage, wie Hass und Hetze gegen Fremde, gegen Menschen, die in Deutschland auf eine Zukunft hoffen, zu zähmen sind. »Gute Politik«, zitiert er Professor Friedbert Rüb von der Berliner Humboldt Universität, »zeichnet sich dadurch aus, dass ein Ministerpräsident diejenigen mitvertritt, die ihn nicht gewählt haben.« Darüber denke er immer öfter nach, denn: »Wie soll das gehen, wenn es keine Basis gemeinsamer Werte mehr gibt?« Hardcore-Rechte verachteten das Grundgesetz, »die beste Verfassung der Welt«. Die Unmenschlichkeit, die aus den vielen AfD-Stimmen gegen die Aufnahme von Flüchtlingen spricht, macht ihn fassungslos.

Ein Bruder von Winfried Kretschmann ist auf der Flucht aus Ostpreußen gestorben, an Hunger und Kälte. Anders als sein zweiter älterer Bruder, der nicht Ministrant werden durfte und dem »Flüchtling!« als Schimpfwort nachgerufen wurde, hat er selbst keine Ausgrenzung erfahren müssen. Messdiener ist er geworden, nicht irgendwo, sondern »in der schönsten Barockkirche Süddeutschlands«, im Münster Unserer Lieben Frau in Zwiefalten, das er berückend und –

ließe man ihn – einen ganzen Tag lang, in jedem Detail, beschreiben kann. Eine gute halbe Stunde zu Fuß herunter von Sonderbuch, eine Dreiviertelstunde wieder hoch nach Hause, bei Wind und Wetter, und immer erfüllt von der Aufgabe. »Das berührt mich sehr, wenn ich daran denke«, erzählt er einmal und schluckt. Über diese Erfahrungen, die erste Beichte am Seitenaltar, die erste Kommunion, über das Zusammengehörigkeitsgefühl spricht Kretschmann höchst selten. Natürlich wollte er anfangs Pfarrer werden. Mit großen Sicherheitsnadeln hat er sich als Kind ein Messgewand aus zwei Handtüchern angefertigt und mit den Heiligenfiguren auf der Kommode Pfarrer gespielt. Auch die Eltern, geflüchtet aus dem erzkatholischen Frauenburg, dem Sitz des ermländischen Domkapitels im überwiegend protestantischen Ostpreußen, hätten es gern gesehen, wenn er Pfarrer geworden wäre.

Als er 20 ist, kommt der Vater bei einem Autounfall ums Leben. Die Beziehung zu ihm war schon deshalb eine besondere, weil er in den ersten Schuljahren in Sonderbuch Winfrieds Lehrer war. Ein sehr milder und gütiger Mensch sei er gewesen, aber natürlich wollte er zeigen, dass er den Filius nicht bevorzugt: »Ab und zu gab's was hinter die Ohren, das war früher so.«

Dass er Teil einer Flüchtlingsfamilie ist, daran erinnert ihn die Oma, die »verzweifelt war, dass sie in Deutschland lebt und trotzdem niemanden versteht«. Sie haderte mit ihrem Schicksal, bis sie starb. Die Eltern gingen auf Vertriebenentreffen, allerdings um Brüder – und Schwestern – im Glauben zu treffen, und nicht um der Politik wegen, in der Hoffnung auf neuerlichen Grenzverschiebungen. Sie hatten die alte Heimat aufgegeben und eine neue gefunden: »Heute würde man sagen, dass da ein großer Integrationswille war. Da gab es einfach nichts anderes.« Oft war der Junge beim Nachbarn, der war Schmied und Bauer und Schwabe durch und durch. In den eigenen vier Wänden wurde hochdeutsch, überall sonst schwäbisch gesprochen. Einmal wird Kretschmann in einem Interview gefragt, ob er überassimiliert sei. Er denkt nach und findet dafür keinen Grund, weil er sich im Dorf, in der Schule, in der Kirche oder beim Fußball nie abgelehnt fühlte: »Ich musste nichts kompensieren.« Draus geworden ist ein Schwabe vom Scheitel bis zur Sohle, jedenfalls was Heimatliebe und eine spezielle Mischung angeht, die sich als knitzer Biedersinn bezeichnen ließe, worunter Auswärtige wiederum so etwas verstehen sollten wie pfiffige Bodenständigkeit. Wenn auf dem Cannstatter Wasen, dem zweitgrößten Volksfest in Deutschland, zur Eröffnung »Uff dem Wase grase d' Hase« angestimmt wird, kennt und singt er aus vollem Halse alle Strophen. Er freut sich mit seiner Gerlinde auf die Fasnet, trägt schwer am Abstieg des VfB in die zweite Liga und ist seit Jahr und Tag im Laizer Kirchenchor.

2014 stimmt er im Bundesrat einer Ausweitung der Liste sicherer Herkunftsstaaten um Serbien, Mazedonien und Bosnien-Herzegowina zu. Mit der Gesetzesänderung einher geht eine Umkehr der Beweislast: Die Bundesrepublik geht davon aus, dass diese Staaten sicher sind, die Asylbewerber müssen belegen, dass sie politisch verfolgt werden. Kretschmann selber räumte im Bundesrat Diskriminierung, Verfolgung und Drangsalierung ein, aber: »Ich bin kein Ideologe, sondern Ministerpräsident.« Mit diesem Verständnis von Realpolitik hofft er »den Demagogen« von rechts, die er schon damals landauf, landab trifft, »ihre Giftspritzen aus der Hand schlagen zu können«.

Die erste wenig ruhmreiche Asyldebatte in Deutschland Anfang der 90er-Jahre ist ihm lebhaft in Erinnerung. Losgetreten in Bayern, immer wieder mitbefeuert von der Südwest-CDU. Die regierte Ende der Achtziger Jahre mit absoluter Mehrheit allein, argumentierte mit Unwahrheiten und Übertreibungen – in Relation zur Bevölkerung hat Deutschland noch nie die meisten Flüchtlinge in Europa aufgenommen –, Missbrauchsparolen wurden salonfähig, unterstützt von der Springer-Presse und anderen Medien, aber auch von großen Geistern. Golo Mann forderte, die Grenzen dichtzumachen und für die Zwangsrückreise Pakete auszugeben. In Stuttgart-Kemnat wird der erste Ausländer aus Hass erschlagen. Er ist kein Flüchtling, sondern Arbeiter, mit Baseballschlägern dreschen junge Burschen im Suff und mit wirrer, fremdenfeindlicher Menschenverachtung im Kopf auf den Mann ein, bis er tot ist. Mölln und Solingen werden Synonyme für Ausländermorde, Mannheim oder Hoyerswerda für die tagelange Belagerung von Asylbewerberwohnheimen. Ein teuflischer Kreis schließt sich, als viele Jahre später einer der Sachverständigen im Landtagsuntersuchungsausschuss zum »Nationalsozialistischen Untergrund« darauf hinweist, dass Beate Zschäpe, Uwe Mundlos und Uwe Böhnhardt sich genau in dieser Zeit radikalisiert haben. Die Scharfmacher von damals, die »Republikaner«, sind der CDU immer einen Schritt voraus (»Das Boot ist voll«, »Schluss mit dem Asylbetrug«, »Deutschland zuerst«) und sitzen am Ende, gewählt von 539.000 Wählern und Wählerinnen oder knapp elf Prozent im Landtag ganz rechts. Sie schaffen sogar den Wiedereinzug und bringen es auf insgesamt acht Jahre Parlamentszugehörigkeit, in einem Land mit stolzer demokratischer Tradition. Im Landtagswahlkampf 2016 versucht es eine verunsicherte CDU wieder mit einem Halbe-Halbe-Kurs, geht auf Distanz zu Angela Merkel und erlebt am Wahlabend, dass diesmal über 800.000 Mitbürger ihr Kreuz am rechten Rand gemacht haben. Fast 200.000 davon kommen von der Union.

Kretschmann würde nie hausieren gehen mit den Flucht- und Integrationserfahrungen seiner Familie. »Das Thema ist zu groß fürs Anekdotische«, sagt er in den bewegten Wochen, nachdem in einem Schlepper-LKW hinter der ungarischen Grenze in Österreich 71 erstickte Menschen gefunden wurden, darunter vier Kinder, das kleinste keine zwölf Monate alt. Die Ereignisse nehmen ihren Lauf. Die Ungarn sperren den Budapester Bahnhof. Viele Menschen machen sich zu Fuß auf den Weg. Anfang September öffnen Angela Merkel und ihr österreichischer SPÖ-Kollege Werner Faymann die Grenzen. Und seit dem ersten Tag der Obergrenzen-Diskussion steht der Grüne fest an der Seite jener, die den Aberwitz einer derartigen Regelung anprangern: »Wie soll das denn praktisch funktionieren? Wer hat dafür eine Idee? Die CSU? Sollen wir allen Ernstes Grenzzäune um Deutschland stellen? Sollen wir dort die Bundeswehr positionieren? Und sollen die zum Schluss wieder schießen? Kann man sich das vorstellen?«, schleudert er einmal in einem Interview sieben Fragen heraus, bevor er sich selber die Antwort gibt: »Nein, das kann man sich nicht vorstellen.« Er will einen mittleren Weg gehen, weil er ihn für richtig hält und die Einheimischen nicht überfordern will. Wer dem Land zu viel zumutet, der riskiert den Kollaps und läuft Gefahr, dass er irgendwann keinem Flüchtling mehr helfen kann. Dass er damit aneckt, ist ihm klar, aber das nimmt er in Kauf. Laut denkt er darüber nach, weitere Herkunftsländer als sicher anzuerkennen oder einer verschärften Abschiebepraxis zuzustimmen. Beim späteren Koalitionspartner CDU und nicht nur dort wird er abgestempelt als »Kanzlerinnenversteher«, als »Grüner, der schwarz redet, ohne rot zu werden«.

Weil Kretschmann aber tatsächlich an Aufnahme und Integration festhält, sorgt er mit dafür, dass in Heidelberg eine Erstaufnahmeeinrichtung geschaffen wird, die schon bald als mustergültig gilt und von Fachleuten besucht und mit Bestnoten versehen wird. Und deshalb entscheidet er sich, noch bevor die Behörden Tag für Tag neue Einreiserekorde vermelden, für ein sensibles Projekt: ein Sonderprogramm des Landes zur Aufnahme von Jesidinnen und Christinnen, die als Angehörige einer religiösen Minderheit, als »Ungläubige«, aber auch weil sie Frauen sind, unter dem Terror des Islamischen Staats besonders gelitten haben und der Verfolgung massiver, auch sexueller Gewalt ausgesetzt waren. Jesiden, eine kurdisch sprechende, religiös von einem synkretistischen Monotheismus geprägte Minderheit im syrisch-irakischen Grenzgebiet, waren schon seit August 2014 Opfer eines andauernden Genozids geworden. Die Einreise der ersten Gruppe verzögert sich, es hagelt Kritik. Dem Ministerpräsidenten wachse seine Flüchtlingspolitik über den Kopf, schreibt ein Kommentator, der aufräumen will »mit dem großen Missverständnis, dass diejenigen die besseren Menschen sind, die jeden neuen Flüchtling in Deutschland freudig begrüßen«. Die Jesidinnen-Aktion sei symbolisch, wenig nachhaltig und vor allem teuer. Kretschmann erinnere an »einen Familienvater, der die Sparschweine seiner Kinder zertrümmert, um das Geld dann vor deren Augen mit großer Geste einem Bettler zu geben«. Das schmerzt. Außer sich ist er nach der Schlagzeile »Tausend Frauen für Kretschmann« und dem Vorwurf, es gehe ihm um PR für ihn selbst.

Die Genugtuung darüber, wie daneben diese Kritik ist, kommt spät und nicht nur, als sich der linksliberale kanadische Premier Justin Trudeau im Herbst 2016 entschließt, eine Luftbrücke für nicht weniger als 20.000 Jesidinnen und ihre Kinder einzurichten. Vor allem ist es der Weg, den die schmächtige Nadia Murad Basee Taha genommen hat – von der über Monate im Nordirak geschundenen Frau bis zur UNO-Sonderbotschafterin für die Würde der Opfer von Menschenhandel. Im Advent 2016 tritt sie im Landtag von Baden-Württemberg auf, wird sehr persönlich und lässt Abgeordnete wie Besucher im vollbesetzen Plenarsaal einen Blick zurück in ihre verlorene Vergangenheit werfen: »Auch ich hatte die Hoffnung auf ein gutes Leben«, voller Träume, »ich schätzte schöne Kleider, ich lachte und lernte mit Neugierde in der Schule«. Später fragte sie »Gott manchmal, warum er mich nicht auch sterben ließ, wie meine Mutter und meine Brüder«. Ihr »großer Dank« geht direkt an den Ministerpräsidenten: »Wir haben in der Gefangenschaft gefürchtet, dass die Welt uns vergessen hat. Sie, sehr geehrter Ministerpräsident, Sie haben unser Flehen erhört.«

Direkt gegenüber dieser jungen Frau, die inzwischen ein Büro und Mitarbeiter in Stuttgart hat, sitzt Innenminister Thomas Strobl. Der hatte in diesen Tagen auf sich aufmerksam gemacht mit einem Papier, das Verschärfungen in der Asyl- und Abschiebepraxis fordert und selbst in seiner eigenen Partei umstritten war. Vor allem weil es den alten Fehler aus den Neunzigerjahren wiederholt und Versprechungen macht, die nicht erfüllen werden können, weil – zum Beispiel in Sachen Geldleistungen an Flüchtlinge – das Bundesverfassungsgericht entgegensteht. Als einer der Ersten geht Strobl auf die junge jesidische Frau zu, um sich für ihre Rede über die Chancen des neuen Miteinanders zu bedanken. Multikulti hält er dennoch für gescheitert, und das wird sich erst recht nicht ändern, solange er ein bisschen mitfischen will im Becken der »Alternative für Deutschland«, um Wählerstimmen zurückzuholen.

Dabei liefert nicht nur die Fußballnationalmannschaft, sondern auch Baden-Württembergs Landesparlament ein Gegenmodell: Die Möglichkeit, mit der Wahl zur stärksten Partei auch den Landtagspräsidenten, in diesem Fall: die Landtagspräsidentin, zu stellen, haben die Grünen für ein integratives Ausrufezeichen genutzt: Gewählt wurde Muhterem Aras, eine Stuttgarterin mit ostanatolischen Wurzeln. Ihr Sohn war bis vor kurzem Stütze der Fußballjugend beim MTV Stuttgart 1843, ehe er auf Handball umstieg. »Warum soll das, was im Sport funktioniert, nicht auch in unserer Gesellschaft möglich sein?«, fragt Kretschmann und hat keine Antwort.

– 13 –

Das Schwaben-Gen

Wie nur behalten das eigene Geld?

Finanzpolitiker sind oft sonderbare Typen. Gesellt sich zur Leidenschaft für Zahlen das anhaltende Interesse, die Grundsätze des Föderalismus weiterzuentwickeln, kann's kurios werden. Ein buntes Völkchen baden-württembergischer Landtagsabgeordneter bereist im Herbst 2007 Kanada, nicht um sich in seinen endlosen Wäldern zu verlieren, sondern um das Dickicht seiner föderalen Finanzpolitik zu durchforsten – in der Hoffnung, sich davon etwas abschauen zu können. Mit von der Partie sind Winfried Kretschmann und Nils Schmid. Dass sie vier Jahre später daheim im fernen Stuttgart die schwarz-gelbe Landesregierung beerben werden, darauf kommen sie sicher in den berühmten kühnsten Träumen nicht. Kretschmann, damals immerhin Fraktionschef, malt sich höchstens ganz diskret aus, wie es wäre, als Finanzminister in einer schwarz-grünen Koalition unter Günther Oettinger vorzuführen, wie sparsames Haushalten mit nachhaltiger Innovation zusammengeht. Der Abgeordnete Schmid ist promovierter Finanzexperte. Abends sitzen die beiden selbst nach einem langen Tag zusammen und debattieren die Abgründe horizontaler und vertikaler Finanzausgleichssysteme, um Anregungen mitzunehmen nach Baden-Württemberg fürs nie enden wollende Thema Länderfinanzausgleich.

Traditionell werden republikweit weder Sozialdemokraten noch die Grünen als gestrenge Sparmeister eingeschätzt. In Baden-Württemberg ist sogar das anders, wie so manches andere. Das Schwaben-Gen ist nach herrschender Lehre von Stammeskundlern wie Stammtischbrüdern ein Phänomen, das Parteien wie Schichten eint. »Greeß're Schridd mache ond Absäzz' schbare«, diesen satirischen Rat gab einst Heimatdichter Helmut Pfisterer seinen Landsleuten mit auf den Lebensweg der Ressourcenschonung. Sogar bei den Grünen sicherte sich bislang noch jeder Fraktionschef einen Platz im Finanzausschuss, um sich den großen Überblick über die Lage der Haushalte zu verschaffen und sie zu behalten. »Den einzelnen Ausschüssen gehören die jeweiligen Fachleute der Fraktionen an«, heißt es lapidar in einer Selbstdarstellung des Landtags. Auch Kretschmann kann gar nicht anders, als früh das liebe Geld ins Visier zu nehmen. Schon in seiner siebten Landtagssitzung muss der Neuling zum Nachtragshaushalt sprechen. Wenige Wochen später hat er gleich sechs (!) Auftritte an drei Tagen zum Doppelhaushalt 1981/82. Es ist die Zeit, in der Lothar Späth dem Publikum mit der Zusage zu imponieren versucht, demnächst keine neuen Schulden mehr aufzunehmen. Eingelöst wird das Versprechen, im Fachjargon die »Nettonull«, freilich erst fast drei Jahrzehnte später von Günther Oettinger.

Nicht selten sind Finanzpolitiker ohnehin weniger ideologiegesteuert als Kollegen, die sich beispielsweise mit Schulsystemen befassen oder mit Migrantenfragen. »Haushälter« verstehen sich über Fraktionsgrenzen hinweg und gehören zu denen, die eher das berühmte Bier miteinander trinken. Im Falle des Winfried Kretschmann machte sich schon immer der Pädagoge im Politiker Gedanken, wie Normalsterbliche für die komplexe Finanzthematik interessiert werden können, um »die Kluft zwischen uns und den Menschen, für die wir entscheiden«, zu verringern. Im Lauf der Jahre wird diese Kluft stattdessen immer breiter. Auch Kretschmann scheitert mit seiner allzu optimistischen Ansicht, Zusammenhänge brauche man nur lange genug erläutern, dann würden sie auch verstanden. Viel zu ausufernd, viel zu sperrig ist die Materie, viel zu eingeschliffen der Kauderwelsch unter den Experten. »Ich schlage eine zweistufige Regelung aus Schuldengrenze und Schuldenbremse vor, in einer Balance zwischen einem klaren Verpflichtungsrahmen zur Nachhaltigkeit und dem Erhalt der Handlungsfähigkeit der Parlamente bei ihrem Königsrecht, der Haushaltspolitik«, sagt Kretschmann einmal am Rande einer Sitzung der zweiten Föderalismuskommission in Berlin. Dann schaut er unsicher in die Kameras. Verpflichtungsrahmen? Königsrecht? Schuldenbremse? Könnte sein, dass da beim Publikum Bedarf nach Erläuterungen besteht. Er erspart sie sich und den Zuhörern. Wichtiger ist vielleicht die indirekte Botschaft, dass da ein Grüner ist, philosophischer Neigungen verdächtig, der zugleich aber etwas von Zahlen versteht und von Wirtschaft, für den womöglich der Strom nicht einfach aus der Steckdose kommt und das Geld aus dem Bankomaten.

Gern erwähnt der Ethiklehrer seine vielen Besuche in den Firmen heimischer Mittelständler. Längst muss er nicht mehr fürchten, von ihnen nicht für voll genommen zu werden. Stattdessen merkt er auf Messen, noch lange bevor er als Ministerpräsident mit seiner Entourage einzieht, wie scharf immer mehr Aussteller sind, ihm zu zeigen, wie grün ihre Produkte sind – nicht unbedingt, weil sie begeisterte Ökologen sein wollen, »sondern weil sie damit Erfolg haben auf den Weltmärkten«. Und eben deshalb, meint er, ist es ja auch kein Zufall, sondern hat seine Logik, »dass ich nicht in Sachsen-Anhalt Regierungschef bin, sondern in Baden-Württemberg«.

Den Mittelständler, der den Eindruck hat, da stehle ihm ein ahnungsloser Tor seine kostbare Zeit, bloß damit anderntags ein nettes Bild im örtlichen Blatt das Rendezvous verewigt oder in der Mitarbeiterzeitung, gibt es also nicht (mehr). Und nach dem Machtwechsel 2011 spricht sich ohnehin schnell rum, dass der Neue solche Losungen ausgibt wie »Gegen die Wirtschaft kann man in Baden-Württemberg keine Wahlen gewinnen«. Als »grünen Wirtschaftsversteher« beschreibt ihn die ehrwürdige »Süddeutsche Zeitung«. Sogar Firmenzufahrten, deren Genehmigungen liegen geblieben sind unter der Vorgängerregierung, macht er zur Chefsache. Und er setzt sich auch über Parteitagsbeschlüsse hinweg. Eigentlich wollte seine Partei den Südwesten fern halten vom großangelegten Gigaliner-Versuch der Bundesregierung. Man wollte nicht zulassen, dass die überlangen LKWs getestet werden. Irgendwann, nach einem Treffen mit Daimler-Chef Dieter Zetsche, weist Kretschmann seinen Verkehrsminister Winfried Hermann an. Längst verflogen ist die Aufregung aus dem Jahr 1984, als Ministerpräsident Lothar Späth sein Katalysator-Gebot für alle Neuwagen wieder einsammelte nach einem Urlaub mit dem Mercedeschef Werner Niefer. Jahrelang noch, als der Katalysator schon längst eingeführt war, haben die Grünen den Kniefall vor der Wirtschaft gebrandmarkt. So ändern sich die Zeiten. Mehr noch: Wenn Kretschmann als Nachnachnachnachfolger mit dieser Emphase über Wirtschaft und den Industriestandort Baden-Württemberg spricht, beruft er sich nicht nur auf Späth, er erinnert an ihn – bis zur Wahl einzelner Formulierungen. Da wird verständlicher, warum ihn viele Leute für einen halten, der ebenso gut in der CDU oder bei der FDP sein könnte, und – wie dialektisch in der Heimat Hegels – ihm auch deshalb vertrauen.

In knappen Finanzen sieht er die Chance zur Innovation. Das wiederholt der Grüne seit Jahren und zwar nicht erst, seit er in hohen Ämtern ist. Er ist ein vehementer Vorkämpfer nachhaltiger Finanzpolitik, einer Schuldenbremse, wie sie noch in diesem Jahrzehnt bundesrepublikanische Realität wird. Und er vertritt Baden-Württemberg mit mehreren anderen in der Föderalismuskommission II, die sich mit der Neuordnung der Finanzbeziehungen in der Republik zu befassen hat und von Günther Oettinger und dem Sozialdemokraten Peter Struck geleitet wird.

Auch dieses Thema war ein Motiv für die erwähnte Reise der Parlamentarier nach Kanada gewesen, denn hier gibt es ausgeprägte Unterschiede im Vergleich zu Deutschland. Vor über 140 Jahren wurde dort per Verfassung ein System verankert, das den zehn Provinzen Gesetzgebungs- und Ertragskompetenzen für sämtliche Steuern zuweist. Viele heikle Fragen treiben Kretschmann und die anderen Besucher aus Deutschland um. Sind Abschläge auf Steuern in einzelnen

Ländern (natürlich den reichen wie Baden-Württemberg) zulässige Instrumente, Unternehmen, Wissenschaftler oder Facharbeiter anzulocken, das heißt, von anderswo abzuwerben? Können Zuschläge Standortvorteile bringen, um Kindergärten, Schulen oder Hochschulen besser auszustatten, Großprojekte wie eine neue Startbahn oder den Umbau eines Hauptbahnhofs zu finanzieren, Umweltschäden zu verhindern oder zu beheben? Die Föderalismuskommission zur Reform der staatlichen Finanzbeziehungen die Bundestag und Bundesrat im Dezember 2006 in Berlin eingesetzt hat, wird am Ende auf solche konkreten Fragen freilich keine Antworten geben und eindeutige Entscheidungen vermeiden.

Zum Klischee von der Sparsamkeit der Schwaben kommt ein zweites hinzu: das von ihrem ausgeprägten Fleiß. Beides gehört zum stolzen Bild, das Eingeborene hier von sich selbst haben und das ihnen zigfach zugeschrieben wird von anderen. CDU-Regenten von Filbinger bis Mappus gaben ihm gern Zucker im Zusammenhang mit dem Länderfinanzausgleich. Am politischen Aschermittwoch, in Hinterzimmern und Sonntagsreden sangen sie das (An-)Klagelied von den Empfängerländern, die lächelnd das in Baden-Württemberg mühsam verdiente Geld einstecken, um es anschließend in Wohltaten für die eigenen Landsleute zu verbraten. Rheinland-Pfalz beispielsweise bekommt Geld aus Stuttgart – und gönnt den Eltern beitragsfreie Kindergärten. Der Tenor in Baden-Württemberg: »Die leisten sich Dinge von unserem Geld, die wir uns nicht leisten. Und damit muss endlich Schluss sein.«

Es stimmt: Kein anderes Land in der Republik zahlt in diesen Topf so lange und so viel wie Baden-Württemberg.

Und es stimmt vor allem, dass die Materie viel zu kompliziert ist für den Holzschnitt. Kretschmann hält in seinen Reden, in Diskussionen und Plenardebatten dagegen. Oft hat er erlebt, dass Stuttgarter Ministerpräsidenten von Verhandlungen heimkamen mit der triumphalen Botschaft, jetzt endlich hätten sie die Ausplünderung des Landes auf Dauer beendet. Kretschmann versucht nicht billig Punkte zu machen, sondern Erkenntnisse zu vermitteln. Zum Beispiel die, dass man beim Ausgleich der Finanzen unter den Ländern absichtlich das Ausgabenauge zur Kontrollzwecken der Anderen zudrückt und dass allein die jeweiligen Einnahmen berechnet werden. Weil der Föderalismus torpediert wäre, wenn ein Land dem anderen vorschreiben könnte, wofür es welches Geld verwenden darf. Und: Wer günstigere Konditionen will, dem rät er dringend zu einer gemäßigten Tonlage. Auch er möchte eine Reform der Reform der Reform der Reform, allerdings »in Kooperation statt Konfrontation«. »Blauäugig« nennen das politische Gegner, wenn sie ihm einigermaßen wohlgesonnen sind, »schädlich für das Landesinteresse« jene, die lieber zuspitzen. Wenn er gut drauf ist, gelassen wie meistens, perlt beides an ihm ab. Wenn nicht, kommt er in Rage und kann sich nur mühsam wieder zügeln.

Die Grünen haben im Lauf der Jahre mehrere Ausgleichsmodelle entwickelt, beschlossen, verworfen, weiterentwickelt. Für eines hat sich vor allem Kretschmann durchgängig stark gemacht: zu reden mit den ärmeren Ländern in Norden und im Osten, zu verhandeln, statt immer – wie mehrfach geschehen – zum Bundesverfassungsgericht nach Karlsruhe zu rennen, um sich nach einer höchstrichterliche Entscheidungen doch wieder in der Pflicht zu sehen gemeinsam unter

Gebern und Nehmern die Umsetzung auszuhandeln. Noch in der Opposition macht er sich dafür stark, einen Reformmotor der anderen, der neuen Art zu starten. »Fairness und Gerechtigkeit« verspricht er und lässt sich als Ministerpräsident von diesem Weg ebensowenig abbringen. Wieder zahlt sich aus, dass er sich so lange und so intensiv und detailliert Sachkunde erworben hat. Über viele Jahre ist Oppositionsarbeit eher selten in konkrete landespolitische Entscheidungen eingeflossen, weil naturgemäß die Regierenden oft andere Ziele verfolgten. Dennoch sind in dieser Zeit der Opposition zehntausende Anfragen geschrieben, tausende Anhörungen veranstaltet worden. In Gesetzentwürfen und Gutachten stecken ungezählte Arbeitsstunden. Das Parlament und vor allem kleinere Oppositionsfraktionen, deren Abgeordnete zwangsläufig mehr Themenbereiche abdecken müssen, sind sehr spezielle Fortbildungseinrichtungen. Auch wenn das, was da gelehrt und gelernt wird, außerhalb des Hohen Hauses so gut wie nie gewürdigt wird – und zuweilen nicht einmal drinnen. Aber Kretschmann profitiert jetzt von dieser Zeit.

Dazu kommt noch eine andere Besonderheiten im »Land der deutschen Möglichkeiten«, wie der Republik erster Bundespräsident, der Schwabe Theodor Heuss (FDP) seine Heimat einmal nannte: Andernorts dienen Oppositionszeiten zur Vorbereitung auf die Regierungsübernahme. Wo Wechsel die Regel ist oder zumindest immer wieder vorkam in der Nachkriegsgeschichte, da schaut dem Abgeordneten einer Regierungsfraktion beim Blick in den Spiegel immer der mögliche Oppositionspolitiker von morgen entgegen. Wer hingegen Württemberger oder Badener oder Kurpfälzer und in der CDU ist, sah in sich immer nur den Wahlkreiskaiser, einen künftigen Staatssekretär oder gar Minister, auf jeden Fall aber den Sieger. Wer die Macht nie verliert, ist in der Hybris sozialisiert. Wer sie nie bekommt, gerät in die Gefahr, zu resignieren und zu verzweifeln. Kretschmann ist dafür nicht anfällig. »30 Jahre konstruktive Oppositionsarbeit« sind sein Fundament. »Wir haben viel von Ihnen gelernt«, sagt er 2011 nach Amtsantritt in einer Diskussionsrunde mit Lothar Späth, »wir sind durch eine harte Schule gegangen.« Jetzt ist die Schulzeit zu Ende. »Am jeda Hasa«, sagt der Schwabe, wenn er oberschwäbisch spricht, »geit Gott sei Wasa.«

Und diesen Wasen beackert er eben in der ihm eigenen Konsequenz mit den fließenden Grenzen zur Sturheit. Der Länderfinanzausgleich sei ein »absolut bescheuertes System«, sagt er. Fünf Jahre lang muss er sich auf der Regierungsbank von frustrierten CDU- und FDP-Politikern anhören, er breche seinen Amtseid, weil er nicht zum Wohle des Landes der von Hessen und Bayern ins Auge gefassten Klage in Karlsruhe beitritt. Zeit verplempern, Spendierhosen anhaben, Leisetreter sein – lautet eine kleine Auswahl der Vorwürfe. Dann aber lassen die Kollegen Volker Bouffier und Horst Seehofer ihre Klage ruhen. Geber und Nehmer formulieren in ernsthaften Verhandlungen gemeinsame Forderungen an Bundesfinanzminister Wolfgang Schäuble. Und schließlich liegt im Herbst 2016 eine Einigung auf dem Tisch. Ob Thomas Strobl sich mal für seine Tiraden entschuldigt habe, wird der Grüne gefragt, als er bereits mit dessen CDU regiert. Das habe er nie erwartet, heißt die Antwort, ihm reiche »als Genugtuung völlig, dass meine eigene Taktik die richtig war«.

– 14 –

Vorsicht, Frauen!

Der Nebenwiderspruch im Klassenkampf

Fast ein Jahrzehnt lang geht Winfried Kretschmann auf seinem Weg ins Fraktionschefbüro im Stuttgarter Haus der Abgeordneten an einem Plakat vorüber. Es ist groß und auffällig, und Frauen zaubert es noch immer ein Lächeln aufs Gesicht. Entworfen wurde es Anfang der Neunziger Jahre. Mitten darauf prangt ein großes grünes Bügeleisen, darüber und darunter steht in Riesenlettern: »Männer dürfen nicht länger von bestimmten Berufen ausgeschlossen werden.« Die Grünen, sagt Kretschmann, hätten immer wieder ironische Wahlplakate gemacht. Aber Ironie in der Politik? »Politik soll nicht Spaß machen, sondern Sinn«, auch das ist einer seiner Lieblingssprüche. Außerdem ist er kein Feminist. Aber welcher Mann ist das schon?

Noch ein Bild aus alten Tagen. Eine Putzfrau sitzt auf einem Ledersessel. Sie hat alle Insignien der Männermacht dabei: dicker Füller, dicke Uhr, dicke Zigarre. »Dufte Jungs beim Hearing: machen gleich Platz«, legt ihr die Zeichnerin Marie Marcks in den Mund. »Emma« kaufen und lesen zählt Anfang der Achtziger zum guten Frauenton, die Februarausgabe macht bereits die Runde, als Winfried Kretschmann am 27. Januar 1982 seine erste frauenpolitische Rede hält. Sie ist nicht sehr lang, sie ist nicht sehr grundsätzlich, dafür aber richtig artig: »Wenn jeder Kollege hier im Landtag sich fest vornehmen würde, einen Abend mehr zu Hause bei Frau und Kindern zu sein, dann wäre das ein wichtiger praktischer Beitrag der Politiker zur Entlastung und Unterstützung der Frauen.« Fraktionsmitarbeiterinnen machen sich noch lange lustig über diesen Satz. Der Kampf um die Gleichberechtigung von Mann und Frau »gehört zu unseren Gründungsmythen«, wird er später sagen. Was aber so viel nicht sagen will - zu den Gründungsmythen seiner Partei pflegt er, abgesehen von der Ökologie, kein allzu inniges Verhältnis. Jedenfalls kein so inniges, dass es ihn hindern könnte, sich nach dem Vorbild des weiland SPD-Kanzlerkandidaten Peer Steinbrück »Beinfreiheit« zu verschaffen.

Daheim in Sonderbuch, dem Dorf auf der Schwäbischen Alb, waren die Rollen selbst in aufgeklärten, liberalen Familien klar verteilt. Es ist die Zeit und die Gesellschaft, in der Frauen vom Land die Männer in der Stadt tatsächlich bemitleiden, die im Haushalt mithelfen wollen oder müssen. Auch im Studium trifft Kretschmann nicht auf die Welt von Gloria Steinem oder von Betty Friedan, deren Bestseller über den Weiblichkeitswahn damals weltweit drei Millionen Mal verkauft wird. Friedan wetterte ausgesprochen lebensnah unter anderem gegen die ständig anschwellende Vielfalt von Putzmitteln – so wolle die Industrie Frauen als Expertinnen im Haushalt festnageln. Über solche Mechanismen debattierten fast ausschließlich Frauen. Gefühlt bis heute. Die Männer damals, sogar oder gerade die im Kommunistischen Bund Westdeutschlands, waren von anderen Machos nicht zu unterscheiden, sahen den Staat eher als Männerbund, befassten sich lieber mit der Hierarchie und der Entscheidungsgewalt in (patriarchalen) Arbeiterfamilien. »Da hat es doch gar keine Frauen gegeben«, sagt Kretschmann spontan im Rückblick. Dafür gab es Forderungen wie die, nicht der Betroffenen das letzte Wort über Abtreiben oder Austragen zu überlassen, sondern der »demokratischen Entscheidung der Arbeiterfamilie«.

Auch die so oft zitierten Lehrmeisterinnen Hannah Arendt und Jeanne Hersch konnten dem aufstrebenden jungen Mann im Studium, das er immer wieder als besonders glückliche Zeit in seinem Leben preist, zu anderen Einsichten nicht verhelfen. Beide betonen in ihren Schriften und Reden - sofern sie sich überhaupt damit befassen - die Fragwürdigkeit der Frauenbewegung, weil sie deren Durchschlagskraft bezweifeln. In der Partei, die Kretschmann dann mitbegründet, haben Feministinnen aber von Anfang an ein gewichtiges Wort mitzureden. »Die Situation der Frauen ist nicht nur gekennzeichnet durch kapitalistische, sondern durch patriarchalische Macht- und Abhängigkeitsverhältnisse«, heißt es in einem der ersten Papiere zum Thema, und die biologische Fähigkeit der Frau zur Mutterschaft »darf ihr nicht zum Pferdefuß in ihrem Berufs- und Privatleben werden«. Männer können in den Anfangsjahren auf Landesdelegiertenkonferenzen überhaupt nur dann das Wort ergreifen, wenn gleich viele Frauen reden, und so mancher Mann durfte nicht ans Mikrophon, weil es keine Wortmeldungen von Frauen mehr gab. Noch heute muss das Präsidium gelegentlich dazu aufrufen, in der Debatte Geschlechterparität herzustellen. Immerhin: Geht es um Parteiämter oder Bundestagsmandate, ist grünen Frauen immer mindestens die Hälfte davon garantiert.

Kretschmann bleibt vieles an diesem Denken fremd. Mitte der Achtziger Jahre ist die Partei gerade einigermaßen stabil, knapp ist das Geld trotzdem, und die Grünen im Land beschäftigen eine einzige hauptamtliche Referentin. Ausgerechnet für Frauenfragen. Die Auserwählte, Inge Leffhalm, steigt zur Landesgeschäftsführerin auf. Später betrieb sie einen Laden in Stuttgart, indem sie selbstproduzierte Nudeln verkaufte, Kräuter hackte, Suppen kochte und Saucen rührte. Sie kann heute darüber lachen, wenn sie sich erinnert, wie »der Winfried« ihre Festanstellung bekämpft hat. Für ihn ging es da um Gleichberechtigung kontra Ökologie, und letztere müsse siegen. Sogar Gerlinde Kretschmann meldete sich zu Wort: Sie sei zufrieden mit ihrer Aufgabe als Hausfrau und Mutter, und Emanzipation werde überbewertet. »Kretschmann und andere haben da ganz orthodox in der marxistischen Terminologie argumentiert«, erzählt Inge Leffhalm. Das Muster heißt: Die Unterdrückung der Frau ist nicht Haupt-, sondern Nebenwiderspruch im Klassenkampf, ein abgeleitetes Problem sozusagen, das sich in Luft auflöst, wenn der große Sieg eingefahren ist.

Die Unterschiede zwischen Theorie und Praxis holen die Grünen im Frühling 2011 in den Tagen der Regierungsbildung ein bei diesem Thema, das einerseits irgendwie permanent Konjunktur hat und zugleich doch auch in die Jahre gekommen ist. Sogar eine CDU-Arbeitsministerin denkt in

Berlin laut über gesetzliche Regelungen nach, um mehr Frauen den Aufstieg in Führungspositionen zu ermöglichen – ein paar Jahre später beschließt der Gesetzgeber die 30-prozentige Frauenquote für die Aufsichtsräte der DAX-Unternehmen –, bürgerliche Regierungen in Europa machen bei der Kabinettsbildung halbe-halbe. Allein in Baden-Württemberg geht es um die Deckung von Nachholbedarf. Zu gewinnen ist da nicht viel. Beide Koalitionsparteien, die Grünen und die Roten, haben sich schon lange einen frauenemanzipatorischen Anspruch auf die Fahnen geschrieben, und wenn nun ein Regierungschef Kretschmann mehr Frauen zu Ministerinnen und Staatssekretärinnen beruft, als das früher bei Schwarz-Gelb der Fall war, darf er mit enthusiastischen Reaktionen einer an konkreten Erfolgen in Sachen Gleichberechtigung wenig interessierten Öffentlichkeit kaum rechnen. Zugleich aber ist viel zu verlieren. Die Dachorganisation aller Frauenverbände in Baden-Württemberg, der Landesfrauenrat, verlangt, dass »frauenpolitisch endlich etwas vorangeht«. Und da appellieren nicht nur die DGB-Frauen oder Frauenorganisationen aller Parteien, einschließlich der CDU, da appellieren auch der Hausfrauenbund oder der Schwäbische Frauenverein, der Mütterverein und der Hebammenverband.

Seit eh und je ist Baden-Württemberg Schlusslicht bei vielen einschlägigen Ländervergleichen in Wissenschaft und Wirtschaft, in Politik und Landesverwaltung. Die Grünen haben die Gründe beschrieben. Sogar in der eigenen Partei gebe es immer wieder Tendenzen, dieses Querschnitts-Thema Frauenpolitik an den Rand zu drängen und die Quote grundsätzlich in Frage zu stellen, schreibt die zuständige Landesarbeitsgemeinschaft. Und weiter: »Viele Menschen halten Frauenpolitik im Zeitalter der scheinbar vollzogenen Chancengleichheit für überflüssig.« Zu diesen »vielen« zählt Winfried Kretschmann – nolens volens – nicht mehr. Er greift sogar zu dem, was er »ein besonders scharfes Instrument« nennt: Von Quoten hält er generell gar nichts, das Thema Frauen nimmt er aber aus. »Das habe ich eingesehen«, sagt er wenige Tage vor der Regierungsbildung mit den Sozialdemokraten, »weil sich sonst nichts ändert.«

Die Fraktion des Jahres 2011 zählt 36 Abgeordnete. Ein knappes Drittel ist weiblich. Insgesamt allerdings sitzen damals weniger Frauen im neuen Parlament als im alten, nämlich gerade mal 18 Prozent. »Wir müssen uns alle darüber im Klaren sein, dass die Politik relativ wenig zur Emanzipation der Frauen beitragen kann«, hat Kretschmann einst gesagt. Er sollte recht behalten: weil Politiker dazu nicht beitragen wollten. Immerhin: Grün-Rot nimmt sich vor zu prüfen, wie das Wahlrecht auf kommunaler und auf Landesebene geschlechtergerechter gestaltet werden kann. Die Kommunen im Land müssen sich darauf einstellen, dass ein Instrument aus der Mottenkiste geholt wird, das vor Jahrzehnten schon mal gut funktioniert hat, aber von vielen der gewöhnlich männlich dominierten Gemeinderäte als unbequem wieder abgeschafft wurde: Frauenbeauftragte. Neudeutsch heißen sie Gleichstellungsbeauftragte und sollen gesetzlich verankert werden. Der neue Ministerpräsident ist gewissermaßen ein Altkollege: Vor langer Zeit war er mal frauenpolitischer Sprecher der Fraktion. Dass er auf diesem Acker Furchen hinterlassen hätte, ist nicht überliefert.

Eine seiner engsten Vertrauten, die heutige Finanzministerin Edith Sitzmann, ist auch hier seine wichtigste Stütze. Hinter den Kulissen nach dem Regierungswechsel verhandeln zwei Arbeitsgruppen im Landtag: Die eine – auf Ebene der Fraktionschefs – zum Thema Bürgerbeteiligung, die andere zur in Oppositionszeiten immer wieder versprochenen Reform des Landtagswahlrechts. Das hehre Ziel heißt: Beseitigung des in einmaliger Weise antiquierten Geschlechterverhältnisses von 80 zu 20 im Parlament. Sitzmann ist in einer Schlüsselrolle, weil sie als einzige Frau von einem Kuhhandel weiß, den die daran interessierten Männer sogar vor der für das Thema Zivilgesellschaft zuständigen Staatsrätin Gisela Erler erst einmal geheim halten. Aus gutem Grund, denn die in Jahrzehnten gestählte Kämpferin hätte wohl kaum mitgemacht beim Bruch bei diesem schrägen Deal: Wenn CDU und FDP die Hürden für Volksabstimmungen senken – ihre Stimmen werden gebraucht für die Änderung der Landesverfassung -, dann gibt es für die Reform des Wahlrechts zugunsten der gerechteren Repräsentation der Geschlechter eine Beerdigung erster Klasse. Kretschmann, der sonst so gern trennt zwischen den Agenden von Parlament und Regierung, ist eng eingebunden und hochzufrieden. Immerhin geht es um sein Prestigeprojekt der »Politik des Gehörtwerdens«. Er lobt den »entscheidenden Durchbruch für mehr Beteiligung«.

Versprochen, gebrochen: In ihrem Landtagswahlprogramm 2011 hatten sich die Grünen auf eine Reform festgelegt. Denn erst »durch die Möglichkeit der Listenbildung können Parteien für eine Quotierung der Geschlechter sorgen«. Auch die SPD hatte jüngst mit großer Mehrheit einen entsprechenden Beschluss gefasst. Einmal mehr erweist sich Papier als kolossal geduldig. Wie im Fall einer – nach französischem Vorbild – ins Auge gefassten 50-prozentigen

Quotierung auf Kommunalwahllisten. Reißverschlussverfahren heißt das Zauberwort: Auf einen Mann muss immer eine Frau folgen. Vermutlich wäre ein entsprechendes Gesetz vor Gericht gelandet. SPD-Justizminister Rainer Stickelberger hätte nach eigenem Bekunden eine Klage allerdings riskiert. Denn: «Wer vorangehen will, muss Spielräume austesten.» Viele Prominente, wie die frühere Bundesjustizministerin Herta Däubler-Gmelin (SPD), berufen sich auf Artikel drei des Grundgesetzes, wonach «der Staat die tatsächliche Durchsetzung der Gleichberechtigung von Frauen und Männern fördert und auf die Beseitigung bestehender Nachteile hinwirkt». Sitzmann schafft es nicht, die Kräfte zu bündeln. Dabei ist Baden-Württemberg – was sonst? – bundesweit Schlusslicht. In mehr als 30 Gemeinderäten zwischen Main und Bodensee saß bei Amtsantritt von Grün-Rot keine Rätin. Landesweit lag der Männeranteil im Durchschnitt bei 78 Prozent, in den Kreistagen sogar bei 84. Am Ende schrumpfte die aus der Opposition heraus vehemente geforderte unverrückbare Vorgabe zur freiwilligen Verpflichtung.

Dass mit Gleichstellung kein Staat zu machen ist im Südweststaat, hat eine lange Geschichte. Frauen waren immer auf Männer Gnaden angewiesen, wurden instrumentalisiert nach Belieben. 1968, im Codejahr für einen grundlegenden gesellschaftlichen Wandel in der Republik, waren 127 Abgeordnete in den Landtag eingezogen, darunter eine einzige Frau. Vier Jahre später bekommt das Land mit Annemarie Griesinger (CDU) seine erste Ministerin, aber nur, weil Fraktionschef Lothar Späth Ministerpräsident Hans Filbinger mit dieser Personalie ärgern und sich dafür rächen will, dass auf die Wünsche der Abgeordneten sonst nicht genug Rücksicht genommen wird. Später ist auch eine Grüne Beleg dafür, wie sehr Baden-Württemberg eine Wahlrechtsreform benötigt. Waltraud Ulshöfer, die Frau des jetzigen Stuttgarter Oberbürgermeisters Fritz Kuhn, war 1984 die einzige Frau in der grünen Fraktion. Insgesamt waren mehr als 90 Prozent der Abgeordneten aller Parteien männlich. Dementsprechend ist eines der wiederkehrenden Hauptthemen die Verbesserung der Wahlchancen von Kandidatinnen. 1986 folgten einschlägige grüne Parteitagsbeschlüsse. Geschehen ist wenig. Als die grün-rote Landesregierung allen Wahlrechtsreformen endgültig abschworen und sie auf die nächste Legislaturperiode verschoben hat, verfällt SPD-Fraktionsgeschäftsführer Stefan Fulst-Blei auf eine besonders prickelnde Idee: Jeder – für gewöhnlich männliche – Erstkandidat, den die Parteibasis nach dem baden-württembergischen Wahlrecht in einem der 70 Wahlkreise aufstellt, bekommt einen Zweitkandidaten, und der muss weiblich sein. Bei Tod oder anderweitig bedingtem Ausscheiden könnten die Frauen dann aufrücken. Paula Doell (1900-1983), eine Opernsängerin, hätte ihm ein Lied singen können vom Unsinn dieser Regelung: Nach dem Zweiten Weltkrieg hatte sie in ihrer Heimatstadt Kehl die CDU mit gegründet, kam zwei Mal ins Landesparlament und musste vor der jeweils nächsten Wahl bei der Kandidatenaufstellung wieder einem Mann weichen, trotz vielfacher Anerkennung für ihre Arbeit als Abgeordnete. Dann kehrte sie der Politik den Rücken.

»Es gibt nichts, außer Mann tut es« heißt in Verballhornung von Erich Kästner ein alter Emanzenspruch. Im Frühjahr 2016 wendet sich das Blatt zumindest symbolisch. Die Grünen wollen sich nicht von der CDU in den Schatten stellen lassen. Die wiederum hatte sich das Projekt »Frauen im Fokus« auf ihre Fahne geschrieben, weil ihr so viele junge, jüngere und mittelalte Frauen von derselben gegangen waren. Kretschmann kündigt also fürs grüne Regierungspersonal eine Quotierung an, CDU-Landeschef Thomas Strobl zögert, hadert mit seinem Schicksal, versucht das leidige Thema auszusitzen oder zu umschiffen – aber es funktioniert nicht. Die Frauen-Union macht Druck wie noch nie. Heute setzt sich das zweite Kabinett Kretschmann aus elf Männern und zehn Frauen zusammen. Und wer die Zusammenstellung der neuen Grünen-Fraktion betrachtet, kommt nicht umhin, die Fortschritte im rückständigen Baden-Württemberg anzuerkennen: 22 der 47 Abgeordneten sind Frauen. Mit der Geschlechterfrage hat der Chef seinen Frieden deshalb noch lange nicht gemacht: Hat er doch noch im April 2016 den Bundesgrünen mit Blick auf den Bundestagswahlkampf 2017 vorgeschlagen, die traditionelle gemischtgeschlechtliche Doppelspitze abzuschaffen. Aber das ist wieder eine andere Geschichte …

– 15 –

Einfallslos im Bremserhäuschen

Höhere Steuern und die Angst um den Mittelstand

Seit jeher verstehen sich Baden-Württembergs Realos als Vorreiter und Vordenker der gesamten grünen Bewegung. Rezzo Schlauch, der langjährige Weggefährte, beschreibt gerade Winfried Kretschmann als jemanden, der keine flauen Kompromisse einging »und uns immer vorangetrieben hat«. Der Dritte im Bunde, Stuttgarts Oberbürgermeister Fritz Kuhn, hat den Satz von den »schwarzen Zahlen, die mit grünen Ideen geschrieben werden« vor schon bald zwanzig Jahren zum Markenzeichen des Landesverbandes gemacht. Pragmatisch und zugleich kreativ-dynamisch wollen die Grünen hierzulande mehrheitlich sein. Ausgerechnet beim Thema Steuern geht es anders herum – da sitzen der grüne Regierungschef und die Seinen ungewohnt einfallslos im Bremserhäuschen.

Und die von der SPD angestoßene Armuts- und Reichtums-Berichterstattung möchten sie am liebsten wieder einstellen. Das kommt an bei Unternehmern.

Bekanntlich hat Kretschmann es auch mit den alten Griechen. Gern nennt er sich einen alten Aristoteliker, unter anderem weil Aristoteles eine Ethik und eine Staatslehre vertrat, die dem Maß zu- und dem Extremen abgeneigt war. »Der Weg zur Tugend ist der Weg der Mitte«, zitiert der Grüne den Griechen – und ist doch, selbst nach Meinung eigener Parteifreunde, in Sachen Schuldenbremse vom rechten Weg, ziemlich weit abgekommen. Ausgerechnet im vergleichsweise reichen Baden-Württemberg ist eine Konstruktion von Fonds erfunden worden, zum Beispiel zur Sanierung von Straßen, in die Geld jetzt Geld gescheffelt wird, um sich später – am eigentlichen Haushalt und damit an der Schuldenbremse vorbei – daraus bedienen zu können. Denn dass die 16 Bundesländer ab 2020 keine neuen Schulden mehr aufnehmen dürfen, hat sich inzwischen eingebrannt nicht nur in die DNA der Finanzpolitiker in Bund, Ländern und Kommunen. Alle Warnungen vor dem radikalen Schnitt verhallen. Selbst Fritz Kuhn konnte sich 2009 als Chef der Bundestagsfraktion kein Gehör verschaffen mit seiner Prognose, die öffentliche Hand würde sich damit viel zu sehr eigener Investitionsspielräume berauben. Nicht nur bei der Großen Koalition fand er kein Gehör, auch nicht bei Kretschmann. Denn seit der in Stuttgart regiert, hat das Streben nach der seligmachenden Nettonull monstranzhafte Züge angenommen. Der eine Wirtschaftsweise der Bundesregierung, der gebürtige Pforzheimer Professor Peter Bofinger, der immer quer zu seinen vier Kollegen mit ihrem neoliberalen Credo steht, hatte zu dem Grünen bald nach dessen Amtsantritt Kontakt gesucht. Er wollte mit Fakten überzeugen, auf Gemeinsamkeiten und Unterschiede hinweisen zwischen Staatsschulden und dem, was ein Privathaushalt beachten muss, der nach den Maßstäben der berühmten »schwäbischen Hausfrau« wirtschaftet. Oder wenigstens die Frage diskutiert wissen, wie künftig Geld seriös angelegt werden kann, wenn der Staat ausfällt als Schuldner. Aber Kretschmann hatte seine Wahrheit schon anderswo gefunden.

In Hochzinsphasen Schulden abzubauen ist ein Wert an sich. Liegen die Zinsen aber eh bei Null, wird das Unterfangen fragwürdig, zumal dann, wenn gravierende Defizite der Infrastruktur abzubauen wären und diese Defizite bei Verschiebung nach hinten später noch höhere Kosten verursachen. »Frohe Verrichtung bei der Einhaltung der Schuldenbremse«, wünscht der Mannheimer Bundestagsabgeordnete Gerhard Schick, ein bekennender Linker, dem Regenten in Stuttgart sarkastisch. Und er will wissen, wie die Grünen im beginnenden Bundestagswahlkampf der Stimmungsmache der »Alternative für Deutschland« begegnen sollen, wenn tatsächlich Millionen unter materiell höchst dürftigen Umständen leben und regelmäßig hören und lesen, dass seit Jahren »die privaten Vermögen explodieren«. Die stereotype Antwort: Ausgerechnet der Ministerpräsident aus dem Land der Tüftler will vom Tüfteln an einem gerichtsfesten Modell zur Wiedereinführung der Vermögensteuer, mit der Reiche und Superreiche besser zur Finanzierung des Gemeinwesens herangezogen würden, nichts wissen. Dabei ist diese Steuer nicht einmal abgeschafft, sondern lediglich ausgesetzt worden, nach einem Urteil des Bundesverfassungsgerichts von

1996, das die Privilegierung von Immobilienbesitz als verfassungswidrig gerügt hatte. Seither werden mal mehr und mal weniger intensiv Modelle zur Wiederbelebung ersonnen – und bisher immer verworfen, auch deswegen, weil die Lobby der Reichen und Superreichen ganze Arbeit verrichtet.

Beim Landesparteitag in Bruchsal 2011 stellen ein paar kämpferische Jungmitglieder den Spitzenkandidaten und wollen wissen, ob er wirklich dafür ist, dass ein einziger Anteilseigner, in ihrem Rechenbeispiel BMW-Mitbesitzer Stefan Quandt, dem Staat 21 Millionen Euro vorenthalten kann. Kretschmann, schon im hellgrauen Anzug und zweifellos staatsmännisch im Vergleich zu den Rucksackträgern, reißt die Augen auf, wie er es oft tut, wenn er seinem überraschten Unmut Ausdruck verleihen will. Was denn das jetzt für eine Rechnung sei, fragt er streng zurück. Eine richtige, kontert eine junge Parteifreundin, und Kretschmann geht wortlos kopfschüttelnd weiter. Nicht dass die ganz Reichen in seinem Gehörgang säßen. Aber der heimische Mittelstand, der ist ihm höchst wichtig, und den könnte eine Vermögensteuer mächtig vergraulen. Also müssen jedwede Signale in diese Richtung vermieden werden. Das Steuerthema holt Kretschmann ein im April 2013, als er Beschlüsse der Bundespartei nach anfänglichem Sträuben dann doch mitträgt. Nach der Bundestagswahl im selben Jahr mit ihren mageren 8,4 Prozent legt er den Schalter um. Erleichtert wird ihm das dadurch, dass die ganze Partei zerknirschte Selbstkritik übt und in den Chor der Kritiker einstimmt, wonach Veggie-Day, Ehegattensplittingabschaffung und Steuererhöhungsvorschläge katastrophale Missgriffe im Wahlprogramm waren. Anstatt konkret zu benennen, was genau daran falsch oder vielleicht auch nur übertrieben war, werden solche Gedanken im Nachhinein pauschal als untaugliche Zwangsbeglückung abgetan und Schwüre geleistet, dass so etwas nie wieder passieren dürfe.

Ausgerechnet Kretschmann verfällt vergleichsweise unreflektiert in eine Tonlage, die man sonst vom Ex-Grünen Oswald Metzger oder anderen Leuten kennt, die seit Jahr und Tag vom pervertierten Wohlfahrtsstaat fabulieren. Sein Lamento über die »Bevormundung« der Menschen durch die eigene Partei »von der Wiege bis zur Bahre« verbindet er mit der Erinnerung an sein »frühes Unbehagen angesichts der Steuerpläne 2013«. In einem Interview lenkt er ein: Die Regel »Hinterher ist man immer schlauer« gelte auch für ihn. Als das heikle Thema mit Blick auf den Bundestagswahlkampf 2017 auf Wiedervorlage kommt, macht Kretschmann Nägel mit Köpfen und lehnt kategorisch jeden Steuerkompromiss der Bundespartei ab, in dem das Wort Vermögensteuer vorkommt. Beim Parteitag in Münster geht Winfried Kretschmann im November 2016 damit sang- und klanglos unter. Bundesdelegiertenkonferenzen – »BDKen«, wie die Versammlungen noch immer heißen – sind selten sein Pflaster. Er fremdelt, hat wieder eine dieser schwarzen Mappen mit all den vorbereiteten Versatzstücken dabei, redet dennoch länger über Europa und die Rechten als über den eigenen Knackpunkt. Von einer Antwort auf die Gerechtigkeitsfrage keine Spur. Noch immer gilt für ihn der Satz, mit dem er schon auf einem der allerersten Parteitage – im September 1981 – Delegierte gegen sich aufbrachte: »Ich habe keinen Bock, in einer Partei links von der SPD zu sein.« 35 Jahre später hört sich die Konsequenz daraus so an: »Der Mittelstand muss in der Lage sein, im härter werdenden internationalen Wettbewerb zu bestehen, als eine der stärksten Säulen gegen den Raubtierkapitalismus.« Daheim spenden ihm Wirtschaftsverbände Lob für so viel artige Unterstützung. Irgendeine ökonomische Begründung gibt es von Kretschmann nicht, und dass andere Länder wie Frankreich, Großbritannien oder die USA es durchaus schaffen, ganz erhebliche Anteile ihres Steueraufkommens aus der Vermögensbesteuerung zu erzielen, scheint ihn und seine Realo-Freunde auch nicht besonders zu beeindrucken.

Erst spät hat die grün-rote Landesregierung im Dezember 2015 jenen ersten Armuts- und Reichtumsbericht vorgelegt, der nach Meinung des alten und neuen Regierungschefs gut der letzte sein könnte, weil jede Bundesregierung seit 2000 ohnehin umfassend tätig sei auf diesem Felde. Was allerdings nur ein Teil der Wahrheit ist, denn in Baden-Württemberg gehen die Uhren auch in diesem Punkt anders. Das Einkommen aus Vermögen hat sich von 2002 bis 2012 um die Hälfte vermehrt, Löhne und Gehälter um 22 Prozent. Einkommensmillionären und -millionärinnen bleibt im Südwesten mit gut 70 Prozent vom Bruttoeinkommen der höchste Netto-Anteil. Die fünf Prozent vermögendsten Haushalte in Baden-Württemberg besitzen 28 Prozent des Gesamtvermögens. Dabei ist Vermögensreichtum in der Statistik noch immer »untererfasst«, wie die Familienforscher des Statistischen Landesamts einräumen, »so dass von einer erheblichen Unterschätzung auszugehen ist«. Dennoch geht die erste Untersuchung fürs Land den Weg vieler anderer ihrer Art: Die Öffentlichkeit befasst sich vor allem mit den Hunderten Seiten, die dem Thema Armut gewidmet sind, die Handvoll Seiten zum Reichtum gehen eher unter. Daran wird sich auch unter Grün-Schwarz nichts ändern. Denn die Union im Land ist hier noch uneinsichtiger unterwegs. Und kann froh sein, in Kretschmann einen mächtigen Verbündeten zu haben. Der habe nichts ausrichten können gegen die Pläne seiner Partei, »einen dumpfen Neid-Wahlkampf wie im Jahr 2013« zu starten, tönt es aus dem CDU-Wirtschaftsrat, der gerade noch vermeiden kann, öffentlich zu applaudieren.

Dabei sind es gerade Sachverständige der Wirtschaft selbst, die ganz andere Schlüsse ziehen. »Wäre die Schere zwischen Arm und Reich in Deutschland nicht immer weiter aufgegangen, dann hätten wir im vergangenen Jahr 50 Milliarden Euro mehr erwirtschaften können«, schreibt Wallstreet-online in der ersten Adventswoche 2016, bezugnehmend auf eine aktuelle Analyse des Deutschen Instituts für Wirtschaftsforschung (DIW). Bei seinem zweiten Antrittsbesuch in Paris nach der Wiederwahl hatte einer der Gastgeber Kretschmann die Lektüre des Bestsellers von Thomas Piketty empfohlen, »Das Kapital«. Übers Jahr hat der Regierungschef kaum Muße, komplexe Wälzer zu studieren. Aber die traditionelle Sommerlektüre – Kretschmann geht immer eine Woche nach Griechenland,seinen Homer im Gepäck – zu ergänzen, wäre womöglich keine ganz schlechte Idee. Der smarte Finanzwissenschaftler aus Frankreich analysiert schon lange die Zusammenhänge von Vermögenskonzentration, ökonomischer Stagnation und deren Folgen auf die Stabilität der Demokratie – ein Thema, dessen Bedeutung angesichts gewisser Verschiebungen im europäischen Wählerverhalten und erst recht der Trump-Präsidentschaft in den USA in Zukunft noch erheblich zunehmen dürfte.

Auch denkt der Grüne, anders als seit so vielen Jahren trainiert, hier nicht in den gewohnten langen Linien. Und auch nicht besonders mutig. Die Vorstellung, einflussreiche Funktionäre von Wirtschafts-und Mittelstandsverbänden könnten ihm und den Grünen ihre Steuerpolitik verübeln, behagt ihm gar nicht. Dabei zeichnet sich ab, dass ihn das Thema einholt, auf dem Weg zur Schuldenbremse. Oder spätestens dann, wenn es, wie Kretschmann verkündet, in den nächsten Jahren »ums Ganze« geht, »um Wasser, Boden, Ressourcen, Klima, um unseren schönen Planeten«. Mit wessen Geld wird zu verhindern versucht, dass Millionen von Klimaflüchtlingen nach Europa aufbrechen (müssen)? Oder beim neuen Leib-und-Magen-Thema der Digitalisierung. Leni Breymaier, die Gewerkschafterin, die die darniederliegende Südwest-SPD wiederaufrichten soll und ebenfalls mit der großen Gabe der Authentizität gesegnet ist, hat ihn schon mal an die Arbeitnehmerinteressen erinnert. Daran, dass der Mehrwert der digitalen Umwälzung einigermaßen so verteilt werden muss, dass nicht nur Stake- und Shareholder profitieren. Die alte Maschinensteuer macht als neue Digitalisierungsabgabe die Runde. Auf seiner Homepage nennt der Regierungschef die Wirtschaft den »natürlichen Partner« seiner Partei. Wenn die Beschreibung stimmt, könnte man ja gemeinsam schon mal tüfteln, um einer Lösung derart großer Fragen näher zu kommen.

– 16 –

Hören und erhören

BürgerInnenbeteiligung im Härtetest

Was hat Winfried Kretschmann auf Kundgebungen oder Parteitagen nicht schon alles erlebt in seinem langen Politikerleben. Und doch gibt es immer noch ein erstes Mal. Der baden-württembergische Landesverband hatte sich entschlossen, zum Ende des Bundestagswahlkampfs 2013 ein Promi-Großaufgebot auf dem Stuttgarter Schlossplatz zusammenzubringen – die beiden Spitzenkandidaten Katrin Göring-Eckardt und Cem Özdemir, Fritz Kuhn und Kretschmann selber. Kraftvoll sollte zum Abschluss des schwierigen Wahlkampfs noch einmal geworben werden fürs eigene Programm; für die detailliert durchgerechneten Steuerkonzepte: für die Idee, den Staatskassen auf diese Weise neue Spielräume zu eröffnen in der Umwelt-, der Familien-, der Rentenpolitik, um die Energiewende, die Elektromobilität, den Ökolandbau voranzubringen oder den Niedriglohnsektor zu bändigen.

Bestseller war das gut 300 Seiten starke Wahlprogramm vor allem unter jenen geworden, die vorzurechnen versuchten, dass im Falle einer Regierungsbeteiligung nicht nur die wohlsituierte Mittelschicht und die Reichen ohnehin, sondern auch Polizisten, Erzieherinnen oder Hauptschullehrkräfte geschröpft würden – auch wenn das die von den Grünen vorgelegten Pläne gar nicht vorsahen. Es hatte sich aber längst eingefräst in die Wahlkampfrhetorik der anderen, ebenso wie der kuriose Veggie-Day. Zudem fand sich eine einzige Passage, eine in sieben Worte gefasste Soll-Bestimmung für öffentliche Kantinen im Programm, die interessierte Kreise aber längst zum Volksumerziehungsprogramm hochstilisiert hatten. Kretschmann verhielt sich solidarisch. Er stand nicht wirklich hinter solchen Forderungen, die ihm zu sehr nach Bevormundung rochen. Dennoch hätte er es nie abgelehnt, kurz vor dem Wahltag mit seiner Person für die Positionen der Grünen zu werben für ein satt zweistelliges Ergebnis.

Auch in Mannheim oder Ulm, in Freiburg oder Heidelberg wäre sein Auftritt keine Schönwetter-Veranstaltung geworden, zu sehr stand die Partei längst unter Druck. In der Landeshauptstadt kam es aber dicker als dick: Die Stuttgart-21-Gegner fuhren auf, was sie zu bieten hatten. Etwa 2000 Aktivisten, die gefühlt doppelt so viele Trillerpfeifen mitgebracht und ihre Kinderstube daheim gelassen hatten. Alle Redner und -innen wurden ohne Ansehen ihrer Mitverantwortung für das verachtete Projekt und ohne Unterbrechung niedergepfiffen. Vor allem Göring-Eckardt wähnte sich im falschen Film, Kretschmann strapazierte gut 15 Minuten lang seine Stimmbänder bis zum Anschlag, konnte aber irgendwann nur noch schmunzeln über so viel Ausdauer der Protestierenden mit ihren unentwegten »Lügenpack!«- und »Oben-bleiben«-Rufen. Grüner Ministerpräsident belächelt den Widerstand, dem er früher mal selber angehört hatte! Neuerliche Erregung, diesmal wegen der vermeintlichen Überheblichkeit. Manche Hartgesottenen unter den Tiefbahnhof-Gegnern haben ihm die Rede, die sie bei dem Lärm gar nicht verstehen konnten, wohl nicht vergessen und schon gar nicht verziehen.

Seine Wahl zum ersten grünen Regierungschef hatte er auch dem Protest gegen dieses Projekt zu verdanken und der Hoffnung, irgendwie würden die Grünen, wenn sie an der Macht wären, dem Spuk ein Ende machen. Belastbare Belegstellen für solche Versprechungen finden sich nicht, für seine klare Anti-Haltung aber reichlich. Etwa die Landtagsrede im Sommer 2010, dem letzten Sitzungstag vor der Sommerpause, als der Vorsitzende der grünen Fraktion natürlich erfolglos an CDU, FDP und an die Sozialdemokraten appelliert: »Lassen Sie die Vernunft entscheiden. Lassen Sie das nüchterne Kosten-Nutzen-Prinzip gelten. Mehr verlangen wir heute nicht, und das ist wahrlich nicht zu viel verlangt.«

In die Annalen des Widerstands und einer Stadt, die bundesweit den Ruf hatte, weder prickelnd noch aufmüpfig zu sein, sondern eher bevölkert von braven Schaffern, wird ein Ereignis eingehen, das wenige Stunden nach einer Grünen-Kundgebung stattfindet. Der Regisseur Volker Lösch und der TV-Serienstar Walter Sittler inszenieren auf dem Stuttgarter Marktplatz eine Premiere: den Schwabenstreich. 13 Chöre und Tausende Demonstranten machen sich akustisch mächtig bemerkbar. Seit diesem 28. Juli 2010 gab es über viele Monate hinweg alltäglich immer dasselbe Ritual, im Talkessel und auf der Halbhöhe, immer um 19 Uhr, immer eine Minute lang: Krach. Auf Plätzen, an Ecken, von Balkonen herab, in allen Vierteln der 600 000 Einwohner zählenden Stadt machte der S 21 abgeneigte Teil der Zivilgesellschaft auf sich aufmerksam mit Trillerpfeifen, Kochlöffeln, Töpfen und Deckeln. Laut, nervig, aber zuverlässig und gewissermaßen bodenständig. Acht Monate nach der Premiere liegt die Wahlbeteiligung in Stuttgart gut zehn Prozentpunkte über dem Landesdurchschnitt, und von den vier Direktmandaten gehen drei an die Grünen.

Die Basis für den Wahlausgang 2011 haben auch Fernsehbilder gelegt, Bilder aus dem Stuttgarter Schlossgarten, die Baden-Württemberg und seinen Bürgeraufruhr republikweit zum Gesprächsstoff machten. Einzelne ausrastende Polizeibeamte, lange eingemottete Wasserwerfer im Einsatz, von denen aus in die Menschenmenge, nicht zuletzt in Schülergruppen gezielt wurde, viele Dutzend Verletzte, weinende Jugendliche, verstörte Erwachsene. Winfried Kretschmann war gleich nach den ersten Meldungen über aneinandergeratende Polizisten und Demonstranten an den Ort des Geschehens geeilt, unter die riesigen Platanen, die nicht einmal in den harten Kälte- und Hungerwintern nach dem Zweiten Weltkrieg gefällt worden waren, weil das Herz der Stuttgarter an ihnen hing. Kretschmann zückte sein Handy und rief Heribert Rech an, den christdemokratischen Innenminister, ein eher leutseliger und bedächtiger Zeitgenosse, kein Scharfmacher und Draufhauer. Kretschmann forderte ihn auf, mit einiger Lautstärke, die Polizei zur Mäßigung anzuhalten. »Dann zieh' du doch deine Demonstranten zurück«, konterte Rech. Die Geisteshaltung, die der Innenminister damals offenbarte, macht den Grünen noch Jahre danach fassungslos. Grotesk, die Vorstellung, es habe sich um eine Art Parteiveranstaltung der Grünen gehandelt und ein Politiker könne den Bürgerprotest abpfeifen wie ein Schiedsrichter ein Fußballmatch. »Das ist die Arroganz der Macht, die uns so weit gebracht hat«, sagte er. An dieser Arroganz, so sieht er das noch heute, waren auch alle Bemühungen gescheitert, noch vor der Eskalation wenigstens ins Gespräch zu kommen.

Sein Leben bestand in diesen Tagen »aus fast nicht anderem mehr als aus Stuttgart 21«. Er ist blasser als sonst, nicht selten müde, herunterhängende Schultern zeugen von der Anstrengung. Aber in der Sache ist er fest und sicher, überzeugt davon, dass der Versuch richtig ist, die parlamentarische Mehrheit aus CDU, SPD und FDP nachträglich noch zur Vernunft zu bringen. Dass der massive Protest so spät kommt und ihm genau das zwischen Flensburg und Konstanz immer wieder entgegengehalten wird oder zumindest für Verwunderung sorgt, weiß er. Dennoch will er gerade unter den Befürwortern ein Bewusstsein dafür schaffen, dass die Bürgerschaft sich nicht befehlen lässt, wann sie auf die Straße gehen darf. Und dass, dies nicht zuletzt, all die Gremien und Parlamente, die S 21 abgesegnet haben, die Fakten und Kosten, die Probleme und Risiken bei diesem Vorhaben viel zu wenig gekannt und berücksichtigt haben. Vor allem die CDU hat aber längst eine Schublade ganz weit aufgezogen. »Berufsdemonstranten« steht darauf, und die Stuttgarter Bewegung wird umstandslos hineingepackt. Nachdem Mappus diesen Begriff erstmals gebraucht hat, gehen Frauen auf die nächste Montagsdemo mit weißen Zetteln mit der Aufschrift »Berufsdemonstrantin« am edlen Tuch.

Der Grüne entwickelt in diesen Wochen Details seiner »Politik des Gehörtwerdens« – nicht ahnend, wie oft der Begriff ihm später, als er Regierungschef ist, um die Ohren gehauen werden wird. Weil er sich dem Ergebnis der landesweiten Volksabstimmung unterwirft – fast 60 Prozent der teilnehmenden Baden-Württemberger und sogar die Mehrheit der Stuttgarter und Stuttgarterinnen lehnen den Ausstieg des Landes aus der Mitfinanzierung des Projekts ab –, wird er bei Teilen der Stuttgart-21-Gegner zum Objekt von Verachtung und Hass. Bei Schwarzwäldern, die keinen Nationalpark wollen oder zumindest keinen, den nicht ihre CDU auf den Weg gebracht hat, wird ihm im Stakkato »Gehörtwerden!« entgegengeschrien, und gerne auch wieder »Lügen-Pack«. Als er im Landtag irgendwann während seiner ersten Amtszeit auf die »Bringschuld der Bürgerschaft« zu sprechen kommt, die »zivilisiert für die eigene Sache argumentieren« müsse, statt »bisweilen die Emotionen durch die Decke schießen zu lassen, um sich in Inhalt und Form von der Sache zu entfernen«, höhnt die Opposition aus CDU und FDP: Das Volk werde also nur dann gehört, wenn es sagt, was der Grüne will. Aber nicht nur im Parlament wabert der Hang zum Missverstehen – ob vorsätzlich oder fahrlässig, das ist oft nicht so genau auszumachen. Dass Hören und Erhören nicht dasselbe sind, das wollen viele nicht wahrhaben. In Diskussionen um die Energiewende vor Ort, dort wo Windräder erneuerbaren Strom erzeugen sollen, holt ihn sein Versprechen vom »Ende des Durchregierens« regelmäßig ein. Der Gestus, klagt er einmal, mit dem ihm manche Zeitgenossen entgegentreten, sei frustrierend: »Glauben die wirklich, ich komme zu ihnen und habe mich noch nie mit ihren Argumenten befasst?« Manchmal hat er »echt keinen Bock mehr«. Zum Beispiel damals, als einen seiner Sicherheitsbeamten ein blauer Espadrillo ins Gesicht trifft, der für ihn bestimmt war. Er hätte der Begegnung mit den Stuttgart-21-Gegnern ausweichen und durch den Hintereingang ins Neue Schloss gehen können. Hätten seine Vorgänger vielleicht getan, aber Kretschmann wollte mit den Leuten reden. Vor dem Schuhwurf – danach nicht mehr.

Den ersten Härtetest bestehen die neue Beteiligungskultur und ihr Erfinder in der sogenannten Schlichtung zu Stuttgart 21 mit Heiner Geißler. Live und Tag für Tag wird der Gesprächsmarathon im Stuttgarter Rathaus übertragen. Ein Millionenpublikum verfolgt die Übertragung, bundesweit. Danach sind sich die meisten Beobachter einig: Dieses Beispiel wird Schule machen, große und weniger große Projekte müssen öffentlich besprochen werden, mit Pro und Kontra und – anders als bei S 21 – rechtzeitig.

Einmal führt Kretschmann, ganz Naturenthusiast, das riesige Gleisvorfeld an, das die Schienen zum Hauptbahnhof hinführt und die Stadt in zwei Teile teilt. »Die Gleiswüste lebt«, sagt er und erinnert an Walt Disneys »Die Wüste lebt«, einen Film, der einst Generationen die Augen für den Artenreichtum in der Sierra Nevada und in anderen Wüsten geöffnet hat. Er kommt ins Schwärmen und warnt eindringlich: Stuttgart 21 sei kein ökologisches Projekt, sondern im Gegenteil ein schwerer Eingriff in den Kernbestand der Ökologie dieser Stadt. Mit den Gleisanlagen werde ein ganzes Biotop verschwinden. Auf die Mienen von Befürwortern und Betreibern schleicht sich ein Lächeln. Kein wohlwollendes, eher ein herablassendes. Respekt hat der Redner nicht zu erwarten, Bewunderung schon gar nicht, allenfalls Mitleid für einen romantisierenden Ökologen, der sich in die Politik verirrt hat. Das ficht ihn nicht an. Ob sein Gegenüber ihn für versponnen hielt, weltfremd oder aus der Zeit gefallen, war ihm schon oft nicht so wichtig. Über den stumm zur Schau getragenen Sarkasmus der anderen redet er hinweg: »Das ist natürlich den meisten Leuten gar nicht bewusst, weil sie denken, da wird eine Stein- und Schienenwüste beseitigt, wo sowieso nichts ist, und es kann nur besser werden. Das ist ein Blick aus Unkenntnis, was man niemandem verübeln kann, aber er täuscht und ist falsch.« So oder zumindest so ähnlich stellt sich Kretschmann den neuen zeitintensiven Umgang in und mit der Bürgergesellschaft vor. Zuhören, antworten, fragen, nachdenken, Ideen und Alternativen entwickeln. Während der Schlichtung fährt Kretschmann nach Freiburg, zur Bundesdelegiertenkonferenz der Grünen. Er wird gefeiert wie noch nie, die Umfragewerte erzählen von einem Rekordhoch in Baden-Württemberg. Er verspricht den Weg in eine Gesellschaft, die sich nicht spaltet, sondern ihren Zusammenhalt findet, den Weg in eine aufregende, spannende, schwierige Zukunft.

Am Ende der Schlichtung gibt Heiner Geißler einem Projekt seinen Segen, demgegenüber er eine Skepsis hegt, die er oft genug hat spüren lassen. Aus Loyalität zu seiner Partei? Verblüfft ist Kretschmann über dieses bedingte Ja nicht. Die beiden kennen sich lange und achten sich. Auf einem Landestag der Jungen Union, des damals vergleichsweise progressiven CDU-Nachwuchses, haben sie Mitte der Achtzigerjahre einmal gemeinsam über die großen Herausforderungen der Zukunft referiert. Kretschmanns Idee war es gewesen, den

Globalisierungskritiker Geißler als Moderator zu holen, einen Mann, der, gemessen an seinen inhaltlichen Vorstellungen, seine politische Heimat längst hätte verlassen müssen. Der Ex-CDU-Generalsekretär, einst Helmut Kohls Mann, dann an einem fehlgeschlagenen Putschversuch gegen ihn beteiligt, lobt den Grünen: So einer könne das Land voranbringen. Ein paar Monate später ist Kretschmann tatsächlich Regierungschef.

Wäre Kretschmann offensiver mit seinem Koalitionspartner SPD umgegangen, hätte er in den folgenden Monaten bis zur Volksabstimmung engagierter agieren können bei S 21. Geißler setzt einen Stresstest an, um die Leistungsfähigkeit des Tiefbahnhofs überprüfen zu lassen. Den besteht das Projekt nicht, aber viele glauben das Gegenteil: Die PR-Maschinerie hat, im Zusammenspiel mit der SPD, ganze Arbeit geleistet. Kretschmann habe, wird der Berliner Politikprofessor Peter Grottian später schreiben, »dicke Chancen, das Heft des Handelns für einen Vermittlungsversuch in die Hand zu bekommen«. Er hätte die Projektpartner, die Bahn und die Gegner an einen Tisch bringen müssen, um Kompromisse auszuloten. Es ist allerdings wenig wahrscheinlich, dass die SPD dem zugestimmt hätte. Von der Bahn ganz zu schweigen. Und dann erinnert Grottian den Ministerpräsidenten an sein Bekenntnis, selbst eine grüne Landesregierung koche nur mit Wasser. Und konstatiert, mit dieser Formulierung »schlägt er die gute Idee einer Demokratie des Gehörtwerdens unter ihrem Wert«.

Beteiligungsexperten ziehen am Ende der ersten Regierungszeit dennoch keine Negativ-Bilanz. Nach einschlägigen Gesetzesänderungen ist die Zahl kommunaler Bürgerentscheide in Baden-Württemberg deutlich gestiegen. In der Flüchtlingspolitik mit ihrem immensen Verhetzungspotential kann die Landesregierung vor Ort auf ihre Erfahrungen setzen. Immer neue Quartiere werden unter Beteiligung der Anwohner eingerichtet. Die Landeshauptstadt eröffnet den »Stuttgarter Weg« dezentraler Systembauten. Die Proteste in der Nachbarschaft dagegen lassen sich an den Fingern einer Hand abzählen. Kretschmann redet und redet, in Meßstetten auf der Alb, wo nach und nach fünf Mal mehr Geflüchtete leben als angekündigt, im Heidelberger bundesweiten Modellprojekt zur schnelleren Erstaufnahme, im Landtag, wo ihm immer noch »Gehörtwerden« entgegenschallt. Einmal, in Karlsruhe, umringen ihn Bürger und Bürgerinnen, erkennbar geladen. Der Ministerpräsident greift zu seinem Standardsatz in diesen Wochen: »Wenn man Krisen planen könnte, gäbe es sie nicht.« Die Stimmung wird entspannter, wenn auch nicht entspannt.

Jedenfalls bescheinigen ihm mehrere Untersuchungen – von Stuttgart 21 bis zum Nationalpark, von erleichterter Mitbestimmung vor Ort bis zu den vielen Veranstaltungen zur Zuwanderung –, dass sich seine »Politik des Gehörtwerdens« immerhin achtbar geschlagen hat. Aus der Alltagsrhetorik in seinem neuen Leben als Chef einer nun grün-schwarzen Koalition verschwindet das Label allerdings schnell. Kretschmann will keinen Ärger »an der falschen Stelle«. Es gehe nicht um Begriffe, sondern um die Geisteshaltung von Politik und Verwaltung im Umgang mit der Bürgerschaft, sagt er auf einer Veranstaltung in Tübingen, wo zur Abwechslung statt der Pfiffe der Applaus ohrenbetäubend ist. Und an der habe sich nichts geändert, »da seien Sie gewiss«.

– 17 –

Keine Angst vor Visionen

Europa aus Stuttgarts Perspektive

Ein Provinzpolitiker, der da schon keiner mehr war, hat einem andern einen Rat gegeben, und der hat ihn befolgt. Vielleicht wäre Günther Oettinger nie auf die Idee verfallen, Winfried Kretschmann zu überzeugen, öfter nach Brüssel zu kommen, hätte er gewusst, dass der wirklich kommt. Andererseits hat der deutsche Kommissar nicht nur eine schnelle Zunge, sondern auch ein großes Herz und freut sich, wenn ein Baden-Württemberger eine ordentliche Figur macht auf dem europäischen Parkett. Ohnehin wird er nie ganz verwinden, dass er selbst 2006 die Chance vertat, mit der bundesweit ersten schwarz-grünen Koalition in einem Flächenland Geschichte zu schreiben.

Baden-Württemberg Provinz? Der Grüne – doch kokett? In »Provinz« steckt vincere oder siegen. Lothar Späth, der als erster Regierungschef bundesweit die Bedeutung Brüssels für die deutschen Länder erkannte, hatte diesen Teil des Wortes im Blick. Vor 30 Jahren wurde ein vergleichsweise bescheidenes Büro eröffnet, das sich inzwischen zu einer stattlichen mehrstöckigen Landesvertretung ausgewachsen hat, mit den Insignien einer Botschaft: die Landesflagge an der Fassade, das Portrait des aktuellen Regierungschefs an der Wand. Jetzt hängt also er dort, Kretschmann, und das schon seit 2011. Die Neugier der anderen und der alten Brüsseler Hasen hat er in der ersten Zeit nach seinem Amtsantritt genutzt, um den Gedanken der Versöhnung von Ökonomie und Ökologie in die Chefetagen im Europaviertel zu tragen, in die EU-Institutionen wie Parlament, Rat und Kommission. Er bekomme Zugang zu jedem Gesprächspartner, mit dem er reden wolle, wird er nach seiner Wiederwahl 2016 berichten, was er nicht als selbstverständlich empfinde. Und er sagt, dass es sich gelohnt habe, Oettingers Rat zu folgen. Denn so sei »ein Schwungrad in Bewegung« gekommen. Aus Neugierde wurde rasch Anerkennung, keineswegs für die einzelne politische Position, aber für den engagierten Föderalisten und für seine offenen Worte. »Ich bin«, scheut Kretschmann selbst große Worte nicht, »ein glühender Anhänger der Vereinigten Staaten von Europa.« Für ihn ist das eine Vision, die nicht aufgegeben werden darf, heute und bei diesen Trends nach rechts und zurück ins National-Engstirnige erst recht nicht. Zum Arzt, dessen Besuch Helmut Schmidt einst Visionären anempfahl, will er deshalb noch lange nicht. Sein trockener Konter: »Da hat Helmut Schmidt Visionen mit Halluzinationen verwechselt.«

Also hat es sich der Grüne zur Angewohnheit gemacht in diesen Zeiten, in denen es en vogue ist, Brüssel und Europa nach Herzenslust niederzumachen – dagegen »zu koffern«, wie er sagt. Er tut, das indem er konsequent Positivbeispiele verbreitet. Statt sich wie andere laut und immer wieder zu ereifern über Gurkenkrümmungen oder über das Glühlampen-Verbot, tritt der Pädagoge aus Oberschwaben als Ermutiger und Muntermacher auf. Eben erst, beim Zustandekommen des Internationalen Klimaschutzabkommens, hat die EU eine entscheidende Rolle gespielt. Jahrelang hatte das Fingerhakeln der Nationalstaaten weltweit zu keinem Ergebnis geführt, und hätte sich Europa nicht auf Druck von Brüssel geeinigt und über den Widerstand Einzelner, zum Beispiel der Polen, hinweggesetzt, wäre es in Paris 2015 schwerlich zum Abschluss gekommen. Unvergessen die Bilder der vor Glück weinenden Bundesumweltministerin Barbara Hendricks.

Kretschmann hat in seinen einschlägigen Reden noch weitere Beispiele für Politikfelder parat, auf denen ein einzelner Staat allein gar nichts ausrichten kann. Datenschutz ist so eins. Zugleich kritisiert er es als »irre«, wenn Baden-Württembergs vor Solidität strotzende Sparkassen von Brüssel mit den Maßstäben internationaler Investmentbanken gemessen werden. Oder wenn das Pint als Maßeinheit für Getränke zum Zwecke der Vereinheitlichung abgeschafft werden soll. Aber nie würde er solche Beanstandungen in den Vordergrund rücken oder sie – wie viele (Provinz-)Politiker – benutzen, um von eigenen Versäumnissen abzulenken. Im Gegenteil, er kommt immer zurück aufs europäische Ganze. »Was bitte wollen die Briten mit ihrer Navy in dieser Welt bewirken?«, fragt er nach dem »Brexit«. Das sei ihm komplett schleierhaft. Im Mai

2016 fliegt er, ausgerechnet auch noch an seinem Geburtstag, nach Wien, um den Grünen Alexander van der Bellen im Präsidentschaftswahlkampf zu unterstützen. Ein Termin nach seinem Geschmack: Zwei ältere Herren mit Lebenserfahrung und Tiefgang, im öffentlichen Dialog über die Bedrohung Europas durch rechte Parteien, durch Nationalisten und Grenzzäune. »Von deiner Leidenschaft kann ich viel lernen«, sagt der Österreicher irgendwann. Der Laizer hört später beim gemeinsamen Abendessen mit Entsetzen, wie weit die rechte FPÖ in der Denunzierung politischer Gegner geht. Und er rechnet hoch, was auf Baden-Württemberg mit der »Alternative für Deutschland« als drittstärkster Oppositionspartei alles noch zu kommen könnte. Nie hätte er gedacht, sagt er in vielen Reden, dass Eckpfeiler der demokratischen Entwicklung in Deutschland und Europa derart ins Wanken geraten.

Wenn der Tag noch so lang und die Termine noch so anstrengend sind – manche Themen geben Kraft bis in den späten Abend. In Brüssel, in Berlin, daheim, wo immer es geht, will der Grüne die Anerkennung, die er erfährt, die Zustimmungswerte für seine europäische Vision in die Waagschale werfen. Unverdrossen wirbt er für die Idee, einen Europäischen Verfassungskonvent zu veranstalten. Schon Erwin Teufel hat den nicht durchsetzen können. Kretschmann will unterhalb der staatlichen Ebene ansetzen, bei den Regionen, den Städtepartnerschaften, um die Union »vom Kopf auf die Füße« zu stellen. Um die großen Fragen wie die Gestaltung der Globalisierung nach Brüssel zu delegieren und die kleinen wieder zurückzuholen auf die Ebene der Städte, der Gemeinden und der Länder. Wenn Kretschmann verlangt,

Europa erlebbar zu machen und an seine leidvolle Geschichte zu erinnern – »Wir sind ein kriegerischer Kontinent!« –, dann klingt er wie vor zwanzig Jahren Helmut Kohl. Zu viele Jahrhunderte, sagt er, stand Europa für »Waffen, Granaten und Krieg«, heute steht es für »Worte, Gipfel und Kooperation«.

Manche Politiker, gerade solche aus der Provinz, fühlen sich wohl in der großen weiten Welt, im House of Lords, in Harvard, auf dem südafrikanischen Weingut eines heimischen Vorstandschefs, in eher edleren Hotels und beim abendlichen Dîner mit Tischordnung. Der Grüne hat nie dazugehört. Bei seinem ersten Antrittsbesuch in Paris kommt er aus dem Staunen über die Größe seines Hotelzimmers gar nicht heraus. Er hätte es gern eine Nummer kleiner, fremdelt im Luxus, kann sich aber nicht durchsetzen. Irgendwann gewöhnt er sich daran. Wie an die Schnürschuhe aus Glanzleder, die er zu gehobenen Anlässen anzieht, statt der breiten Gesundheitstreter, die er daheim benutzt. Oder die roten Teppiche in Ludwigsburg, 2012, als Bundeskanzlerin Angela Merkel und Frankreichs Staatschef François Hollande kommen, um Charles de Gaulles zu gedenken und ein halbes Jahrhundert deutsch-französischer Freundschaft zu feiern. Oder in Bayreuth bei den Festspielen oder in Stuttgart, als Bundesratspräsident und Gastgeber am 3. Oktober 2013, mit dem Bundespräsidenten, mit der Kanzlerin. Ein Stuttgart-21-Gegner will mit ihm über Hannah Arendt diskutieren und fast vergisst er darüber die hohen Gäste, um sich dann doch seiner Pflichten zu erinnern.

Zur Kür kommt er bei solchen Terminen selten. Auch auf Auslandsreisen von der Schweiz bis an die Grenze zwischen Süd- und Nordkorea nicht. Und seine Vorlieben für Mozart, für Baumärkte und die Flora ganz grundsätzlich würde er ohnehin nie vor sich hertragen. In Ankara begibt er sich im Oktober 2012 einmal auf überraschend dünnes Eis, verlangt in einem Vortrag in der Universität, dass die EU »endlich« einen Schritt auf die Türkei zugeht, »um die festgefahrenen Beitrittsverhandlung wiederzubeleben«. Daheim muss er sich von der Opposition dafür mal wieder prügeln lassen. Er mache keine Außenpolitik, kontert er gereizt. Immerhin lebt einen halbe Million Menschen in Baden-Württemberg mit türkischen Wurzeln, etwa die Hälfte von ihnen hat einen deutschen Pass. Aus heutiger Sicht ist die Rede auch Beleg für verpasste Möglichkeiten. Kretschmann beklagte bereits die »dramatische Situation in Syrien« und »die vielen Flüchtlinge«. Vor allem warnte er vor der zunehmenden EU-Skepsis in der Türkei: »Je enger die Partnerschaft und Anbindung an Europa, desto mehr reformerische Impulse sind für diesen Verfassungsprozess zu erwarten.«

Die Erlebnisse, die Erfahrungen, die Erkenntnisse aus der großen weiten Welt fließen in seine Reden ein, nicht selten sogar inflationär. Vielleicht wird es irgendwann einmal eine kommunikationswissenschaftliche Promotion zum Thema geben, warum ihm Wiederholungen deutlich seltener als redundant angekreidet werden als anderen Politikern. Schon 2011 wird er von der Fachzeitschrift »Politik & Kommunikation« zum »Politiker des Jahres« gekürt, weil er »einen neuen Politikstil der Offenheit« pflege. Fünf Jahre später gibt es den Preis noch einmal, nicht für ihn persönlich, sondern für die Wahlkampagne der Grünen, die ihn ins Zentrum gerückt hat. Vor zwanzig Jahren noch undenkbar, dieser Personenkult bei den Grünen, aber jetzt findet er so etwas ganz normal.

Und wenn er darüber spricht, klingt das viel weniger eitel als trocken und nüchtern: So ist sie halt, die Welt, scheint er sagen zu wollen, und gegen solche Bräuche muss niemand ankämpfen. Dass und wie der Funke überspringt, hat gerade dieser zweite Wahlkampf gezeigt. Im ersten plakatierten die Grünen Inhalte, Botschaften, Ziele und Versprechen, zum Beispiel zum Bürgerdialog. Im zweiten wird konsequent mit dem Pfund »Kretschmann« gewuchert, von dem ein halbes Jahr nach der Wahl 2016 namhafte Christdemokraten sagen werden, ohne ihn, ohne seine Autorität wäre das nichts geworden mit dieser schwarz-grünen Landesregierung und ohne ihn würde diese Koalition kaum vergleichsweise geräuschlos laufen.

»Alles auf Kretschmann«, hieß es in den Portalen, in denen sich PR- und Werbeexperten gegenseitig auf die Finger schauen. Die Berliner Agentur Wigwam habe »den Landesvater in einem stark personalisierenden Wahlkampf als idealen Politiker im Max Weber'schen Sinne – einen Mann mit Ethik, Haltung, Verantwortungsgefühl, aber auch Leidenschaft initiiert«. Allen anderen Landtagskandidaten und -kandidatinnen war es untersagt, in ihren Wahlkreisen als Person auf Großflächenplakaten aufzutreten. Fast alle, selbst früher arg rebellische Grüne haben sich daran gehalten. Kretschmanns Strahlkraft sollte wirken, und sie tat es, unterfüttert mit einfachen, zu ihm passenden Botschaften: »Verantwortung und Augenmaß«, »Leidenschaft für die Sache«, »Dem Land verpflichtet«, »Menschlich und mutig handeln« und »Regieren ist eine Stilfrage«. Gerade letzteres Statement fliegt ihm um die Ohren, als einige Wochen nach Antritt der neuen Koalition bekannt wird, dass er sich auf geheime, millionenteure

Nebenabsprachen mit seinem Stellvertreter Thomas Strobl eingelassen hat, in der Bildungspolitik, zum Breitbandausbau oder der inneren Sicherheit. Aber die Zeiten haben sich geändert. Die CDU ist nicht mehr Opposition, sondern Juniorpartner. Kretschmann sei »wirklich nicht der schlechteste«, räumt Günther Oettinger ein, und er steht damit nicht allein. Hinzu kommt, dass da im Landtag diese neue Kraft sitzt, eine Truppe, die so weit am rechten Rand agiert, dass den anderen kaum etwas anderes übrigbleibt, als kopfschüttelnd in der Mitte zusammenzurücken. Dort also, von wo Kretschmann und Aristoteles sich ohnehin das Gute versprechen.

Unter den Ministerpräsidenten ist er ein Solitär und wird es auch bleiben. In Berlin hat sein Gewicht aber beträchtlich zugenommen. Sein triumphaler Wahlsieg im Frühjahr 2016, seine öffentliche Unterstützung für die Kanzlerin vor allem in der Flüchtlingspolitik haben ihm ein neues Standing verliehen. Hinzu kommt, dass die Grünen zu diesem Zeitpunkt in elf der 16 Landesregierungen sitzen und ihm allein die Aufgabe zufällt, sie zu vertreten im Kreise der in Bund und Ländern Regierenden. Die Nachkriegsordnung im Bundesrat mit den A-, also den SPD-regierten, und den B-, den unionsregierten Ländern ist endgültig Geschichte. »Es führt«, sagt Volker Ratzmann, »kein Weg an uns vorbei.« Kretschmann hat den früheren Fraktionschef im Abgeordnetenhaus zu seinem Statthalter mit Staatssekretärstitel gemacht. »Weil er alle kennt«, sagt der Ministerpräsident einmal. Ratzmann weiß, wie Berlin funktioniert und welche Vorstellungen der Chef in Stuttgart vom Mitgestalten über die Länderkammer hat. »Ich mache nicht den Lafontaine«, sagt Kretschmann mit Blick auf die Blockadepolitik des damaligen SPD-Bundesvorsitzenden und Saarbrücker Regierungschefs Mitte der Neunziger. Würde nicht des Grünen Credo greifen, dass es ohnehin sinnvoller ist, Lösungen im Kompromiss zu suchen statt in der Konfrontation, müsste sich der Bundesrat immer wieder selbst stilllegen. Denn früher, zu Zeiten der A- und der B-Länder, war die Stimmenthaltung von Koalitionsregierungen im Bundesrat ein probates Mittel, mit einem Dissens zu leben. Heute würde dieses Vorgehen angesichts der vielen unterschiedlichen Regierungskonstellationen den Föderalismus an die Grenze der Handlungsunfähigkeit bringen oder sogar darüber hinaus: Die Länderkammer würde nicht nur die Bundesregierung lähmen und blockieren, sondern zugleich sich selbst.

Weltweit ist er ein gefragter Gesprächspartner, wenn es um die Versöhnung von Ökologie und Ökonomie geht. Regelmäßig führt er Delegationen von hundert oder noch mehr Unternehmern, Professoren und Verbandsvertretern an. Es fällt ihm nicht schwer, zügig ein paar hundert Stufen die Chinesische Mauer hochzusteigen und gleichzeitig darüber zu philosophieren, wie wenig das Bauwerk als Bollwerk am Ende gebracht hat: die Mandschuren diesseits und jenseits ließen sich von ihm nicht hindern, die Chinesen zu unterdrücken. Für Rüstung habe die Menschheit eben immer viel Geld ausgegeben, denkt Kretschmann laut, ohne nach dem Sinn zu fragen. Jetzt will er weltweit für Ressourceneffizienz werben. Oder genauer: Er meint zu müssen. Weil die Weltwirtschaft nur auf diese Weise ökologisch modernisiert werden kann.

Dafür sucht er Partner und findet sie. Unterhalb der Ebene der Nationalstaaten, schon Lothar Späth hat Baden-Württemberg als einen der »Vier Motoren Europas« mit Katalonien, der Lombardei und Rhône-Alpes verschwistert, und neuerdings auch an der Spitze der Republik Österreich. Kretschmanns Wahlkampfeinsatz vor der ersten Runde der Bundespräsidentenwahl, im Internet übrigens innerhalb weniger Stunden mehr als 100.000 Mal geklickt, und sein Engagement im Personenkomitee für Alexander van der Bellen haben sich schlussendlich gelohnt. Anfang Dezember 2016 wurde der Tiroler Wirtschaftsprofessor das erste grüne Staatsoberhaupt der Welt. »Jetzt sind wir zu zweit«, meinte der Schwabe schmunzelnd, auch darüber, dass der neue Bundespräsident oft als »Österreichs Kretschmann« beschrieben ist. Europa, am besten gleich die ganze weite Welt, könnte »noch mehr Kerle wie uns« gebrauchen. Warum? Weil Alter und Erfahrung gelassener und realistischer machten, sagt er, »jedenfalls in der Regel«. Und weil der Realist Schritt für Schritt setze: »Nicht Ganzheit und Vollkommenheit machen das Leben aus, sondern dass der Mensch sich selbst und seine Fragmente annehmen kann und daraus seine Verantwortung ableitet, nicht irgendwann, sondern hier und jetzt.«

– 18 –

Im Originalton

»Die Menschen lügen alle«

Sie haben Rekordbeliebtheitsquoten. Winfried Kretschmann gilt als sehr anderer Politiker, er ist Kult. Wie erklären Sie sich das?

Eigentlich müssten Sie diese Frage anderen stellen, nicht mir …

… aber Sie haben sich sicher Ihre Gedanken gemacht in den vergangenen Jahren.

Das hängt sicher damit zusammen, dass die Menschen angesichts von tiefen Krisen, die sie erheblich beunruhigen, jemanden an der Spitze wollen, von dem sie den Eindruck haben, dass er besonnen reagiert; dass er Dinge durchdenkt. Und vor allem auch, dass er versucht, mit ihnen zusammen den schwierigen Weg zu gehen, den Demokratie bedeutet. Außerdem spielt da wohl eine Sehnsucht nach jemandem mit, der jenseits steriler Aufgeregtheiten der Tagespolitik und der nur taktischen, parteipolitisch motivierten Rituale eine Leidenschaft zur Sache erkennen lässt. Diese Leidenschaft zur Sache wird von den Leuten wohl geschätzt, und auch meine lange politische Erfahrung.

Welche Bedeutung haben Mut und Instinkt?

Mut ist eine Kardinaltugend, gerade in Bezug auf politisches Handeln. Natürlich habe ich einen politischen Instinkt entwickelt, und ich bin auch nicht so naiv, wie manche Nachrichtenmagazine glauben. (Anm.: Der »Spiegel« hatte im Sommer 2011 ein Porträt über Kretschmann mit der Überschrift »Der Naive« versehen.) Aber vor allem spielt Erfahrung eine zentrale Rolle, also das Wissen, was geht und was nicht. Und dann rutscht einem doch wieder etwas raus. Zum Beispiel habe ich auf die Frage, was sich in meinem Leben verändert hat, unter anderem gesagt: Wenn früher daheim gebaut wurde, dann war ich auf der Baustelle, und das ist jetzt nicht mehr so, entsprechend fallen die Rechnungen aus. Das war eine flapsige Bemerkung. Prompt gab's Aufruhr bei den Handwerkern.

Provozieren Sie mit Absicht? Oder nehmen Sie es nur hin, wenn sich Menschen provoziert fühlen?

Ich nehme es hin. Ich will weder kokettieren noch provozieren oder gar verletzen. Aber wenn Politiker nur noch gestanzte Phrasen von sich geben, aus Angst, jemanden zu kränken oder zu beleidigen oder Missverständnisse zu produzieren, dann ist das nicht weniger abträglich als diese Echtzeitkommentierung.

Viel ist von Ihrer Erfahrung als Lehrer die Rede.

Wer einen guten Unterricht halten möchte, muss darauf achten, dass ihn die Schüler und Schülerinnen verstehen. Oder ich gehe noch einen Schritt zurück: Man muss einen guten Unterricht halten wollen. Es gehört nicht zu meinem Menschenbild, dass Menschen ihre Leistung egal ist, dass sie gar nicht interessiert, was sie abliefern. Unterstellt man also – um bei Lehrkräften zu bleiben und Politikerschelte zu vermeiden–, dass die allermeisten einen guten Unterricht halten wollen, bleibt ja nichts Anderes übrig, als zu überlegen, wie das geht, und an sich zu arbeiten. Irgendwann ist mir das in Fleisch und Blut übergegangen. Die allererste Grundlage jeder Kommunikation ist doch, dass wir uns verstehen – die Eltern die Kinder und umgekehrt. Dass wir uns verstehen, ist aber auch die allererste Grundlage von Politik. Meine Mitarbeiter können ein Lied davon singen, wie wichtig mir Verständlichkeit ist, ob in Reden oder in Pressemitteilungen. Ich lege großen Wert darauf, mir den Blick auf die Sprache und die Möglichkeiten derer zu erhalten, die sich Politik nicht zum Lebensmittelpunkt gemacht haben. Denn die müssen wir erreichen. Ich hatte in den vielen Jahren im Landtag sehr viel Kontakt mit Besuchergruppen. Ich bin da immer gut angekommen, weil ich versucht habe, mir vor den Gesprächen klarzumachen, was die Besucher überhaupt verstehen können. Warum soll ich einem Achtklässler das Stichwort Plenarsitzung an den Kopf werfen? Nur um zu zeigen, dass ich von Dingen reden kann, die andere nicht blicken? Einem Achtklässler sagt der Begriff Plenarsitzung gar nichts. Also muss ich mich anders ausdrücken, und das heißt: klar und verständlich. Das habe ich mir sehr früh zum Prinzip gemacht. Man kann Achtklässlern alles erklären, oder besser:

Man kann alles altersgerecht erklären, sogar die Relativitätstheorie.

Sie sind ein tiefgläubiger Katholik, Sie sind ein Grüner, Sie haben, noch vor ihrer Vereidigung als Ministerpräsident, im Autoland Baden-Württemberg öffentlich gesagt: Weniger Autos wären besser als mehr. Erstaunlich, dass so einer mit so etwas einen solchen Erfolg hat.

Das Charakteristikum einer modernen Gesellschaft ist, dass sie sich in Subkulturen aufgliedert. Jeder kann ja sehen, dass das mit den Volksparteien nicht mehr so gut funktioniert. Ob eine Mischung unterschiedlicher Positionen ein Vorteil sein kann, hängt sehr davon ab, was daraus gemacht wird. Politik und Medien bilden gemeinsam eine Klischeemaschine. Es fällt mir beispielsweise immer wieder auf, dass Interviewer mich als »tiefgläubigen Katholiken« bezeichnen. Sie auch gerade wieder. Woher wollen die das wissen? Da wird zugespitzt. Ich bin überhaupt nicht »tiefgläubig«. Ich gehöre zu den Zweiflern unter den Glaubenden.

Sie lassen in öffentlichen Äußerungen immer wieder erkennen, wie wichtig Ihnen Ihr Glaube ist. Dass er nicht irgendein Standpunkt unter anderen ist, wie eine Ansicht zur Abwrackprämie oder einer Tariferhöhung im öffentlichen Dienst, sondern etwas, was Sie im Innersten erfasst und als Mensch und sogar auch im politischen Alltag hält.

Das sind nun mal existenzielle Fragen, jedenfalls für mich. In existenziellen Fragen kann man nicht oberflächlich sein. Ich bin ein in der Wolle gefärbter Politiker. Ich war ein begeisterter Lehrer. Und ich bin ein gläubiger Mensch – gläubig reicht, nicht tiefgläubig. Ich bin ja auch ein sündiger Christ. Jeder hat da seine Ecken.

Wie würden Sie die Richtschnur für das Verhalten von Politikern beschreiben?

Das ist ganz einfach. Es steht nämlich in meinem Amtseid, und der ist für mich entscheidend. Ich habe geschworen, dass ich meine Kraft dem Wohle des Volkes widmen, seinen Nutzen mehren, Schaden von ihm wenden, dass ich Verfassung und Recht wahren und verteidigen, dass ich meine Pflichten gewissenhaft erfüllen und Gerechtigkeit gegen jedermann üben werde. Das sind nicht einfach Worte. Und es sind keine einfachen Worte.

Immer mehr Menschen glauben nicht einmal, dass ihre Politiker überhaupt die Absicht haben, es wahrzumachen.

Damit tun sie ihnen meistens Unrecht. Und außerdem: Wer alles konsequent tut, was er predigt, der muss zum Fanatiker werden. Das ist noch schlimmer als zu moralisieren. Ich erinnere an die Savonarolas, die da herumrannten in der Geschichte der Menschheit. Ende des 15. Jahrhunderts wurde in Florenz alles beschlagnahmt, nicht nur Schriften und Bilder, sondern Schmuck oder Musikinstrumente oder Kleider. Das ist doch fürchterlich.

Und lange her.

Aber nicht so weit weg. Ich bin bisher zwei Mal als Ministerpräsident mit dem Hubschrauber geflogen, weil die Terminabfolge nichts Anderes zuließ. Prompt hatte ich eine wochenlange Debatte am Hals.

Wenn wir schon im 15. Jahrhundert sind und in Florenz: Wie viel Machiavelli steckt denn in Winfried Kretschmann?

Der Machiavelli war in gewisser Weise ja auch ein Moralist. Ich habe seine Werke zur Wahl geschenkt bekommen und bin auch in diesem Punkt für den klaren Blick auf die Realität: Ohne ein gewisses Maß an Machiavellismus kann man nicht erfolgreich Politik machen. Zum Beispiel wird vernünftigerweise kein Regierungschef die Grausamkeiten, die er seiner Bürgerschaft zumuten will, auf das letzte Jahr vor der nächsten Wahl legen; aber auch nicht an den Anfang seiner Amtszeit, um nicht gleich eine Riesenaufregung zu provozieren.

Was ist mit einer Lüge im Amt? Wenn etwa Japans Regierung in den ersten Tagen nach Fukushima wahrheitswidrig behauptet, sie erwäge gar nicht, Tokio zu evakuieren, einen Großraum von 36 Millionen Einwohnern.

Die Menschen lügen alle, heißt es im Psalm 116,11. Auch ich schreite nicht als Wahrheitsapostel durch die Reihen. Diese Erkenntnis gehört zu einem realistischen Blick auf Politiker. Keiner von uns kommt ohne ein gewisses Maß an Taktik aus, auch Kretschmann nicht. Aber der Grat zwischen erlaubt und unerlaubt ist schmal. Jeder Politiker ist gehalten, sich rechtzeitig zu überlegen, wie er in solchen Situationen reagieren würde. Zugleich gilt aber auch, dass das Grenzsituationen sind, höchst prekäre Grenzfälle, die das Alltagsgeschäft nicht bestimmen – Gott sei Dank. Eine Ansage, die zu völligem Chaos und Panik in Tokio führen könnte, würde im schlimmsten Fall Tausende das Leben kosten. Im Sonderfall kann der Zweck bis zu einem gewissen Grad die Mittel heiligen. Denken Sie etwa an Entführungen. Dafür gibt es aber kein politisches Regelwerk. Solche Dinge muss man dann auf sich nehmen und verantworten. So und so kann man dabei Schuld auf sich laden. Normalerweise heiligt der Zweck die Mittel nicht. Da gelten die allgemeinen Grundsätze zwischenmenschlichen Umgangs und unsere Verfassungsordnung.

Müssen Politiker Vorbilder sein? Können sie es überhaupt sein?

Gewiss haben Politiker auch Vorbildcharakter oder können einen solchen im Amt entwickeln. Aber zuallererst sind sie da, um Probleme zu lösen. Und ob sie das können oder nicht, ist keine Frage ihres Lebenswandels. George Bush war ein wiedererweckter frommer Christ und Bill Clinton trieb es mit einer Praktikantin – über die Qualität ihrer Außenpolitik sagt das aber gar nichts. Politik unterliegt einer Folgenethik, es zählen Ergebnisse. Es ist eine gute Tradition bei uns, dass wir nicht herummoralisieren, sondern die Programmatik der Parteien betrachten und zugleich schauen, ob deren Vormänner und-frauen das hinbekommen, was das Programm verspricht.

Ihre Partei war und ist gegen Massentierhaltung, und Sie haben auf der Hühnerfarm Ihrer Schwiegereltern ausgeholfen.

Ja, so ist das Leben. Es wäre ja geradezu unmenschlich, wie in diesem Fall Menschen, die das ganze Jahr schwer arbeiten, diese eine Woche Urlaub unmöglich zu machen. Da soll ich mit dem Programm meiner Partei kommen? Ich bin da hinein zu den Tieren und habe das gemacht. Und habe nachher noch viel besser gewusst als vorher, warum ich dagegen bin.

Immer wieder müssen sich die Grünen anhören, sie seien die Nein-Sager, die Dagegen-Partei.

Diese Kampagnen von Union und FDP sind ein hochgefährliches Projekt. Für einen Augenblickserfolg, wenn ein solcher überhaupt erzielt werden kann, wird die Beschädigung des gesamten Politikbetriebs in Kauf genommen. Da stehe ich ziemlich fassungslos davor. Denn aller Streit, ja sogar jede Bewegung fängt doch mit einem Nein an, nämlich entweder zum Status quo, der überwunden werden soll, oder zu dem, was seine Errungenschaften bedroht. Soweit müsste die Intelligenz doch reichen, um das zu begreifen. Seit Tausenden von Jahren haben alle großen Dinge in unserer Zivilisation mit einem Nein begonnen. Denn im Nein wohnt der Kern einer Alternative, also ein Ja. Es ist das Normalste der Welt, gegen etwas zu protestieren. Der erste Protest war offensichtlich der im Paradies gegen die Fülle und für die Erkenntnis und damit für die Freiheit. Oder: Antigone wirft Erde auf ihren toten Bruder und gewährt ihm so die Bestattung, die Kreon verboten hatte. So sagt sie Nein. Solche Geschichten erzählen von epochalen Vorgängen. Man sagt Nein – weil es um etwas geht.

Sie gelten als ein ziemlich untypischer Grüner.

Auch so ein Klischee, und obendrein ein falsches. Wie soll denn ein Außerirdischer an die Spitze der Grünen kommen? Ich hatte heftige Konflikte mit meiner Partei und die auch mit mir. Aber immer war uns das Bewusstsein gemeinsam, dass unser Lebensmodell zu Lasten des Planeten geht und es so nicht weitergehen kann, dass Ökologie und Ökonomie zusammengehören. Ich bin ein ganz richtiger Grüner, wir sind das beide, die Partei und ich. Wir sind nur vielleicht ein bisschen anders, als sich das so manche vorstellen. Zum Beispiel diejenigen, die im Atomausstieg allen Ernstes einen Schaden für uns zu erkennen meinen. Wer Politik so versteht, hat wenig verstanden. Wir müssen Überzeugungsfesthalter sein, und das ganz pragmatisch und praktisch. Das ist eine meiner zentralen Erfahrungen, seit damals, seit dem ersten Einzug der Grünen ins Parlament. Der Politiker, der an seinen Überzeugungen festhält, ist keinesfalls schlechter dran als der, der jeder Sau nachläuft, die durchs Dorf getrieben wird. Und wer klug ist, drückt diese Erfahrung nicht einfach weg. Wenn ich meine Zustimmungswerte anschaue, könnte ich auch sagen, dass die Leute mich überhöhen – dabei mache ich doch nur, was eigentlich selbstverständlich ist.

Wie sind dann die bleibenden Themen herauszufiltern?

Da hilft wieder Erfahrung. Und man muss natürlich einen gewissen Instinkt und die richtigen Maßstäbe entwickelt haben. Aber so viele heute aktive Politiker sind ja nicht neu im Geschäft. Daran dürfte es doch eigentlich nicht liegen.

Sondern?

An der Haltung. Max Weber sagt: Die Verantwortlichkeit gegenüber der Sache ist die Voraussetzung für den politischen Beruf.

Was macht Macht mit Ihnen?

Da ich Macht so beschreibe, dass sie entsteht, weil und wenn Menschen sich um eine Idee versammeln, ging es mir nicht um Ämter oder Spitzenämter. Ich habe nie ein Hehl daraus gemacht, dass ich mich in der zweiten Reihe sehr wohl gefühlt habe. Schon weil ich da viel weniger Disziplin aufbringen musste, als ich das heute tun muss. Das stört mich manchmal, und gar nicht wenig. Insgesamt: Vielleicht glauben das manche Leute nicht, aber Macht macht mit mir eigentlich nicht sehr viel.

Infolgedessen gibt es bei Ihnen noch nicht das, was die Franzosen die »déformation professionelle« der Politiker nennen, also Charakterverbiegung als Berufskrankheit?

Es gibt natürlich Biegekräfte. Aber jeder Ast, jeder Zweig lässt sich biegen, manchmal sehr weit. Man muss darauf achten, dass am Ende noch die Rückkehr in die Ausgangslage möglich ist. Ich habe Freunde, die mir sagen müssen – das war meine Bitte schon vor Amtsantritt –, wenn sie die Gefahr sehen, dass ich das nicht mehr hinbekomme. Das wäre fürchterlich. Ein Amt kann sehr schnell futsch sein. Wer da verbogen herauskommt, hat schwer daran zu tragen.

Sie sind zuversichtlich, dass Ihnen das erspart bleibt?

Ja. Wenn ich in Bayreuth auf dem roten Teppich stehe, mit meiner Frau, dann amüsiert mich das. Das meine ich nicht herablassend. In diesem Sommer schien die Sonne, die Stimmung war gut. Es war eine grandiose, furiose Inszenierung des Fliegenden Holländers. Meine Frau und ich, wir haben das Drumherum restlos vergessen. Das ist doch eine gute Messlatte. In der Oper ist es dunkel, da sieht einen ja keiner. Da gelten Musik und Inszenierung. Wenn mich das nicht mehr gefangen nimmt, weil ich an den Landeshaushalt oder, noch schlimmer, an den nächsten Fernsehauftritt dächte, dann hätten die Beuge-und Biegekräfte gesiegt.

Da sind wir wieder bei den erwähnten außergewöhnlichen Zustimmungswerten für Sie. Es ist schwer vorstellbar, dass die Sie tatsächlich so kalt lassen. Andere Politiker wären aus dem Häuschen.

Ich halt nicht. Das hat aber, wie schon gesagt, mit meiner politischen Biographie zu tun, und mit meinem Glauben, der da zu einer gewissen Demut erzieht. Wie schon einmal gesagt: Zwischen Hosianna und Kreuzigung können nur drei Tage liegen. Ich werde sogar nach Autogrammen gefragt und sage dann immer: Ich bin doch kein Schauspieler oder Fußballer, und sie wollen trotzdem eines. Man darf sich von diesem öffentlichen Tam-Tam, das um einen gemacht wird, nicht verführen lassen. Ich habe in langen, auch harten Jahren gelernt: Wer in der Politik auf Anerkennung schielt, läuft Gefahr, genau diese Anerkennung ganz rasch wieder zu verlieren. Es steht mir gar nicht zu, Kollegen gute Ratschläge zu geben, auch nicht indirekt. Aber wenn ich zum Beispiel von Schülern und Schülerinnen gefragt werde, was einen guten Politiker ausmacht, dann sage ich: Man muss zulassen, dass einen Überzeugungen prägen, tief prägen. Und denen muss man dann folgen, auch wenn die Karawane gerade in eine ganz andere Richtung zieht.

Fühlen Sie sich als Solitär?

Jedenfalls gibt es mir auch viel Freiheit, der einzige grüne Ministerpräsident zu sein. Manchmal wünschte ich mir, ich könnte auch mit zwei oder drei anderen grünen Ministerpräsidenten eine Gruppe bilden oder mich abstimmen. Manchmal hockt man zwischen den Stühlen. Aber ich hadere nicht damit. Denn die Ministerpräsidentenkonferenz ist aufgrund der Vielfalt der Koalitionen mittlerweile gemeinsam mit der Bundeskanzlerin so etwas wie eine Clearingstelle, die Lösungen hinbringt. Ich bin als Ministerpräsident dabei – auch für die Grünen, und darüber sind auch die anderen Grünen froh. Auf meine Beliebtheit bilde ich mir nichts ein, aber ich bin mir durchaus darüber im Klaren, dass durch mein zweites Wahlergebnis natürlich mein politisches Gewicht gewachsen ist. Ich werde jetzt noch einmal anders wahrgenommen, als wenn jeder denken würde: Na ja, der ist durch einen Unfall der Geschichte Ministerpräsident geworden.

Die große gemeinsame Herausforderung ist der Kampf gegen rechts. Alle Demokraten sind auf der Suche nach Rezepten.

Ein einzelnes Rezept gibt es ohnehin nicht, wir brauchen viele. Es handelt sich ja nicht um eine einheitliche Bewegung, sie umfasst ein Sammelsurium aus hartleibigen Fremdenfeinden und Rechtsradikalen bis hin zu enttäuschten Protestwählern, die bisher die etablierten Parteien gewählt haben. Wir müssen unsere Argumente an den Teil der Wähler richten, der überhaupt für Argumente zugänglich ist – und das dürfte ein erheblicher Teil sein. Ich will's mal so sagen: Man muss eben in der Politik wie im Leben immer mal wieder von vorne anfangen. Viele in Europa denken, Freiheit und Demokratie seien selbstverständlich. Das ist aber nicht so. Man muss sie sich in Krisenphasen immer wieder aufs Neue erringen. Das bedeutet auch, auf berechtigte Kritik einzugehen und in diesem Prozess immer wieder zu fragen: Hast du eine bessere Idee? Wir müssen auf Aufklärung und Sachargumente setzen. Wirkliche Konzepte haben die Rechten ja nicht.

Da sind wir wieder beim Politikertyp.

Wir brauchen kompetente und sachkundige Politiker, mehr denn je, Politiker, die deutlich machen, dass sie eine Vorstellung davon haben, wie die Gesellschaft der Zukunft aussieht, und die ihre Argumente verständlich rüberbringen. Das ist immer ein Spagat: Politik funktioniert nicht ohne Emotionen, aber letztlich können wir uns nur auf Vernunftgründe einigen. Es ist also Aufgabe von Politik, die Emotion immer in eine vernünftige Bahn zu lenken. Aber Politik muss zugleich Ziele und Visionen formulieren, damit die Menschen auch begeistert werden.

Das verlangt erstens nach Langmut und zweitens nach dem Gefühl für den richtigen Moment, in dem man den Schalter umlegt.

Da sind wir wieder bei Max Weber: Dicke Bretter hartnäckig bohren, mit Leidenschaft zur Sache und Augenmaß. Niemand würde bestreiten, dass das die Tugenden eines guten Politikers sind. Aber wer vereint schon alle diese wunderbaren Eigenschaften in sich? Wir Politiker sind halt alle auch nur Menschen.

Wie aber nur mit Vernunft auch die potenziellen Wähler wieder einfangen?

Nehmen wir mal Großbritannien: Viele junge Leute nehmen beispielsweise wie selbstverständlich am Erasmus-Programm oder vergleichbaren Austauschprogrammen teil, die die EU initiiert hat. Auf der anderen Seite gehen ausgerechnet diese jungen Leute nicht wählen, um damit kundzutun, dass sie das gut finden und das so bleiben soll. Nach dem Brexit-Desaster wachen sie auf. Und das ist der Knackpunkt: Wir müssen es schaffen, das Engagement rechtzeitig zu wecken, bevor das Kind in den Brunnen gefallen ist – in erster Linie gegen die Demagogen der Rechtsnationalen. Und wir müssen wieder lernen, klar zu machen, worum es geht – die großen Linien aufzeigen und uns in öffentlichen Reden nicht immer im Klein-Klein der Sachzwänge verlieren.

Da sind wir wieder bei der Glaubwürdigkeit.

Sicher muss man glaubwürdig sein. Beim Brexit war es ja so, dass die, die letztendlich für den Verbleib in der EU gekämpft haben, viele Jahre nur negativ über die EU geredet hatten. Denen glaubt doch niemand, wenn sie dann auf einmal umschwenken. Es ist wichtig, als Politiker einen Kompass zu haben. Nur wer selber orientiert ist, kann auch Orientierung geben.

Was allein, ganz offensichtlich, junge Leute aber nicht bewegt, wählen zu gehen.

Darüber müssen wir nachdenken, vor allem nach dem Brexit. Es ist doch fatal, wenn in einer Gesellschaft die Alten den Jungen die Wege verbauen.

Sie hätten, hätte es gereicht, mit der SPD weiterregiert. Was muss Grün-Schwarz leisten?

Das ist die Chance der Demokratie. Als Politiker bestimmt man nicht, was geschehen soll, sondern das Volk. Es ist unser Auftrag, aus dem Wahlergebnis etwas zu machen. Jetzt haben wir die Chance, dass zwei Parteien, die aus ganz anderen Richtungen kommen, etwas Produktives für dieses Land hinbekommen. In dieser neuen Gemengelage mit den Rechtspopulisten können wir für Stabilisierung sorgen und die zivilisierte, vernunftgeleitete politische Auseinandersetzung befördern. Ich glaube, zivilisierter Streit ist etwas, was die Welt zusammenhält.

Und wie geht zivilisierter Streit?

Wir müssen streiten diesseits von Fanatismus, ein Streit in der Sache, der nicht persönlich verletzt. Ein Streit auch um Grundsätze, der sich aber durch Tatsachen belehren lässt, sonst ist er ideologisch verbohrt.

Auch in Oppositionszeiten haben Sie für sich in Anspruch genommen, die CDU zu verstehen. Was ist anders, jetzt, wo Sie quasi der Chef sind?

Man muss es nicht nur verstehen, man muss es auch akzeptieren. Als Regierungschef ist es mein Ziel, aus den antithetischen Sprechweisen der beiden Parteien eine Synthese zu machen. Das ist nicht einfach, aber eine schöne Herausforderung, die etwas Heiteres hat. Denn wenn man von den Sprachunterschieden wegkommt, sind die Differenzen in der Sache oft viel geringer, als man annehmen sollte.

Wir erfahren Sie das C im Namen?

Es ist einfach historisch erklärbar, dass sich die Union, die CDU und die CSU, christlich nennt – aber mehr auch nicht. Eine Partei kann sich nicht in die Nachfolge von Jesus Christus begeben, das können nur einzelne Menschen. Gäbe es also die geschichtliche Herleitung nicht, wäre der Name systematisch unpassend. Nichts dagegen, dass die Union sich an einem christlichen Menschenbild orientiert, im Gegenteil. Aber der Versuch, daraus eine Art Alleinstellungsmerkmal zu machen, ist erstens gegenüber den anderen Parteien problematisch und landet zweitens im Diffusen. Das christliche Menschenbild hat sich doch in unserer Verfassungsordnung in großer Breite niedergeschlagen. Die Würde des Menschen ist unantastbar – dieser elementare Satz unterscheidet unsere Parteien ja nicht. Und daraus politische Differenzen ableiten, das geht auch nicht. Deshalb erinnere ich die CDU auch praktisch nie an ihr C. Es spielt die gewünschte Rolle nicht. Und außerdem: Die Heilige Schrift hilft keinem Politiker beim Sanieren des Haushalts. Wer so an Politik herangeht, der landet bei der Partei der Bibeltreuen Christen. Die hat 0,5 Prozent, und selbst das ist schon zu viel.

Heißt das, die Unterschiede sind im Alltag gar nicht so groß.

Das heißt, dass sich die CDU in elf Jahren Kanzlerschaft von Angela Merkel erheblich verändert hat. So wie wir uns auch verändert haben, wir sind ja auch nicht so wie vor elf Jahren. Wir haben uns angenähert. Das ist für viele wiederum ein Problem, die Differenzen sind nicht klar genug erkennbar, was dazu führt, dass viele den Populisten hinterherrennen. Durch den internationalen Terrorismus entwickeln viele Menschen den Wunsch nach Sicherheit, dazu kommen soziale Verwerfungen. Alles in allem sind das Umbruchphasen, die uns neu herausfordern. Wir müssen Antworten finden.

Wenn diese Koalition es schafft, dass wir in dieser Phase gesellschaftlich nicht auseinanderdriften, dann haben wir schon viel erreicht. Unser Ziel muss sein, nicht alles auf den kleinsten gemeinsamen Nenner runterdeklinieren. Auf diese Weise würden wir erstens das Land nicht voranbringen, und zweitens wären die Menschen unzufrieden wegen der angeblichen Ununterscheidbarkeit und geben den Populisten ihre Stimme. Wir müssen jeweils den Markenkern identifizieren und dann dort größtmögliche Flexibilität ermöglichen. Und bei anderen Themen, die einem nicht passen, muss man eben immer ein bisschen in den Tisch beißen.

Klingt nach mehr Bürde als Würde und schon gar nicht nach Heiterkeit.

Mein Alter hilft mir dabei. Ich habe so viel politische Lebenserfahrung, dass ich nur zu gut unterscheiden kann zwischen steriler Aufgeregtheit und echten Problemen. Das Amt ist aber auch eine Bürde, denn wenn man Fehler macht, müssen das die Bürgerinnen und Bürger ausbaden

Wie sehen Sie dann Ihre Zukunft über 2021 hinaus?

Ich werde dann mit der Politik aufhören, ziemlich sicher. Dass ich noch ein drittes Mal antrete, halte ich für unwahrscheinlich. Andererseits, wenn ich mir jetzt den Papst angucke, der noch mit knapp 80 eine Milliarde Katholiken zusammenhält – wer weiß? Aber das gehört nicht zu meiner Lebensplanung.

Nachwort

Dieses Buch ist das Ergebnis einer umfassenden Überarbeitung des Titels »Winfried Kretschmann. Das Porträt«, der vor fast sechs Jahren bei Herder erschien. Ein halbes Jahrzehnt grün-rote Landesregierung in Baden-Württemberg war für die beiden Autoren hinreichend Anlass, neue Texte zu schreiben. Ebenso der Umstand, dass der grüne Regierungschef nach der Landtagswahl vom Frühjahr 2016 inzwischen einem Zweckbündnis mit der CDU vorsteht – eine Konstellation, die es noch nie gab in der Bundesrepublik. Reizvoll ist der Blick nach Stuttgart schon deshalb, weil jedenfalls in Teilen dieser beiden Parteien ihr Zusammengehen im Südwesten als Modell für die Bundesebene gilt.

Das abschließende Interview ist dem Herder-Titel »Reiner Wein. Politische Wahrheiten in Zeiten knapper Ressourcen« von 2012 entnommen, für den die beiden Autoren ein ausführliches Gespräch mit Kretschmann führten. Ergänzt wird es durch Auszüge eines Interviews, das Kretschmann 2016 Johanna Henkel-Waidhofer und der stellvertretenden Chefredakteurin Anja Groß für das »Badische Tagblatt« gab.

Vielfach geäußerten Leserwünschen entsprechend sind in dieses Buch zahlreiche Bilder aufgenommen worden. Sie bieten ein fotografisches Kaleidoskop ganz überwiegend aus Winfried Kretschmanns Regierungsjahren.

Vorhang auf: Der Ministerpräsident wird von der grünen Landtagspräsidentin Muhterem Aras vereidigt, einer Stuttgarterin mit kurdischen Wurzeln.

Von Mao zur Mitte: Schon 1994, als die Grünen zurück in den Bundestag wollen, war Kretschmann Wahlkämpfer nicht nur im Südwesten.

Der Vertrauensmann: Das Flüchtlingskind hat die Grünen zur neuen Baden-Württemberg-Partei gemacht und die CDU auf Platz zwei verwiesen.

Glaube, der befreit: Im September 2016 gewährt Papst Franziskus dem Grünen in Rom eine Privataudienz. Das Vier-Augen-Gespräch hat Überlänge.

Regieren will gelernt sein: Die SPD wollte 2011 auf Augenhöhe regieren mit den Grünen; hier die Regierungsspitze auf der Chinesischen Mauer.

Von den Mühen der Ebene: Die Chemie zwischen dem Chef und seinem Superminister Nils Schmid stimmte nicht immer.

Talkesseltreiben: Seit der Volksabstimmung 2012 sieht der langjährige Stuttgart-21-Gegner keine Alternative mehr zum Milliardenprojekt.

Ein Akteur in Alltagszwängen: Der Terminkalender des Ministerpräsidenten ist übervoll, die Anstrengung steht ihm oft ins Gesicht geschrieben.

Der Grüne ist Kult: Der Bürstenhaarschnitt, seit langem gefertigt vom Hausfriseur im Stuttgarter Hauptbahnhof, hebt den Wiedererkennungseffekt.

Ein Provinzpolitiker: 2012 wird in Ludwigsburg 60 Jahre deutsch-französische Freundschaft gefeiert; hier mit François Hollande und Angela Merkel.

Ganz bei den Leuten: In der Fasnet, wenn die Narren die Macht übernehmen, »entsagt« er der Politik, »um kräftig mitzumachen«.

Der Ball ist rund: Seit Jahnzehnten ist der Regierungschef VfB-Mitglied. In der Zweiten Liga hält er die Treue und hofft auf den Wiederaufstieg.

Weniger Autos sind mehr: Mit dieser Erkenntnis wurde er 2011 sofort zum Gesprächspartner der Bosse; hier mit Daimler-Chef Jürgen Zetsche.

Keine Angst vor Visionen: Der Grüne bekennt sich zu den »Vereinigten Staaten von Europa« und ist in Brüssel gern gesehen; hier mit Martin Schulz.

Vorsicht, Frauen: Kretschmann pflegt seinen Ruf als Kanzlerinnenversteher – gerade im so erfolgreichen Wahlkampf 2016; hier mit Angela Merkel.

Ein gefragter Mann: Fotos von und mit Kretschmann sind beliebt – bei anderen Piloten oder in innovativen Vehikeln; hier mit Winfried Hermann.

Mensch Kretsch: Manchmal fügt sich Gerlinde Kretschmann besonders gerne in die Rolle der Landesmutter; hier entstehen Maultaschen.

Höchster Besuch: Gastgeber und Landesvater; hier 2013 mit König Willem-Alexander, Königin Máxima der Niederlande und Gerlinde Kretschmann.

Aus Liebe zur Natur: Er ist nicht mehr der Jüngste, beim Wandern zählt er aber immer noch zu den Flottesten; hier auf der Sommertour 2015.

Hören und erhören: Die Kretschmanns sind Musikliebhaber und gehen regelmäßig in die Oper; hier im Großen Haus des Badischen Staatstheaters.

Die Integration und die eigene Vita: Er will »überall kämpfen fürs ordentliche Miteinander«; hier mit Ex-Fußballnationalspieler Gerald Asamoah.

Ganz nach Platos Geschmack: Kein anderer Spitzenpolitiker der Republik ist so firm in Philosophie. So lassen sich trefflich Vorträge halten.

Noch ein Triumph: Es war Kretschmanns Idee, dass der politische Weggefährte Fritz Kuhn der CDU auch das Stuttgarter Rathaus abspenstig macht.

Mit den Schwarzen: Mit Thomas Strobl hat Kretschmann wieder einen schwierigen Vize an der Seite, »aber irgendwer muss das Land ja regieren«.

Gekommen, um zu bleiben: »Man darf sich von diesem öffentlichen Tamtam, das um einen gemacht wird, nicht verführen lassen.«

Namensregister